卓有成效的学校管理

罗伯特·J.马扎诺 Robert J. Marzano

[美] 蒂默西·沃特兹 Timothy Waters　　著

布赖恩·A.麦克纳尔蒂 Brian A. McNulty

SCHOOL LEADERSHIP THAT WORKS

FROM RESEARCH TO RESULTS

中国青年出版社

图书在版编目（CIP）数据

卓有成效的学校管理 / (美) 罗伯特·J.马扎诺,
(美) 蒂默西·沃特兹, (美) 布赖恩·A.麦克纳尔蒂著；
田新宇, 杨尚英译. -- 北京：中国青年出版社, 2025.
5. -- ISBN 978-7-5153-6969-3

Ⅰ. G47

中国国家版本馆CIP数据核字第2025FX1369号

卓有成效的学校管理

作　　者：[美] 罗伯特·J.马扎诺　蒂默西·沃特兹　布赖恩·A.麦克纳尔蒂

译　　者：田新宇　杨尚英

责任编辑：肖妩嫔

文字编辑：张祎琳

美术编辑：杜雨萃

出　　版：中国青年出版社

发　　行：北京中青文文化传媒有限公司

电　　话：010-65511272 / 65516873

公司网址：www.cyb.com.cn

购书网址：zqwts.tmall.com

印　　刷：大厂回族自治县益利印刷有限公司

版　　次：2025年5月第1版

印　　次：2025年5月第1次印刷

开　　本：787mm×1092mm　1/16

字　　数：150千字

印　　张：12.5

京权图字：01-2022-5525

书　　号：ISBN 978-7-5153-6969-3

定　　价：49.90元

版权声明

CONTENTS 目 录

序　言   **005**

第一部分 **研究基础**   **007**

     第 1 章　探寻学校领导力   008

     第 2 章　领导力研究的理论和理论家   018

     第 3 章　元分析   035

第二部分 **实际应用**   **047**

     第 4 章　学校管理的 21 项责任   048

     第 5 章　两级变革   075

     第 6 章　做正确的工作   088

     第 7 章　有效的学校管理计划   112

结　　语　　141

技术说明　　143

附录：科顿的25种领导实践与学校管理的21项责任　　195

作者简介　　197

序　言

　　不同于其他许多关于学校领导力的著作，本书既有实用的建议，又有相关的研究。相比之下，大多数图书都只谈其一，而非兼顾两者。当下正是美国K–12教育史上的一个特殊时期，我们认为像这样的书不仅实用，而且十分必要，因为对基于研究的实践之呼吁从未如此强烈。同样，要求学校发挥领导作用、提高学生成绩的呼声也从未如此高涨。为此，我们就35年来关于学校领导力的研究开展元分析，并发现1978年至2001年的研究符合我们的选择标准。此外，我们对从元分析中获得的调查进行了因子分析，并将结果分享给650多名校长。

　　从第143页开始的一系列技术说明包含了所有必要的技术信息，以飨希望通过正当途径了解本书具体研究方法和研究假设的读者。为了给每日面临学校管理问题的人士提供实用性指导，我们已将所有研究发现转化为具体的实践建议。我们相信，这些建议将帮助对研究方法感兴趣的读者更好地理解本研究的目的与重点。同时，针对研究的探讨也将帮助对这些实用性建议感兴趣的读者了解建议背后坚实的研究基础。

在此，我们向希望更加仔细地审视自身领导能力的读者推荐McREL[①]的平衡领导力概况360™，这是一个基于本书中21个主要领导责任开发的在线可订阅调查和职业发展工具。读者登入校长自我评估版本，可立即收到有关履行21项领导责任的反馈，这些责任适用于您选定的学校或地区的改进计划。平衡领导力概况360™还为校长们提供了与21项领导责任和变革领导方式相关的各种在线专业发展资源和工具。

---

① McREL：Mid-continent Research for Education and Learning的首字母缩写，译为美国中部地区教育实验室。——编者注

PART 1

第一部分

研究基础

第1章

探寻学校领导力

　　每个教学日，有5360多万名学生（美国国家教育统计中心，2002b）走进超过94,000所K-12学校（美国国家教育统计中心，2002a）学习，他们希望接下来长达13年的学校教育能够极大地增加自己在现代社会获得成功的机会。的确，2001年的收入水平让他们有理由对此充满希望。美国人口调查局（2002年3月）数据显示，高中毕业生的收入（指收入中位数）为19,900美元，而未能完成高中学业的学生收入为11,864美元。如果能继续进入大学学习，收入水平将增加到37,203美元。获得硕士学位后，收入又将增加到49,324美元。博士毕业生的年收入更是高达63,952美元，若能考取专业执照，收入能增加到71,606美元。因此，在这个复杂的社会中，学历可以敲开晋升的大门——至少能够开启提高收入的大门。然而，要想成为使学生走向成功的跳板，学校必须高效地运转。

　　一所学校是否高效运转，将增加或减少学生们在学业上取得成功的机会。马扎诺的研究表明，在平均通过率为50%的测试中，高效学校的学生与低效学校的学生预期通过率相差44%。以A、B两所学校为例加以说明。就运转方式而言，A学校效率高，B学校则效率低。（第6章介绍了高效学校与低效学校的具体特征。）现假设这两所学校均拥有普通生源——一些学生在家庭环境和背景方面有很大优势，一些几乎没有任何优势，其余则介于这两者之间。若两所学校的学生共同参加一场平均通过率为50%的考试，预计A学校的通过率为72%，而B学校仅为28%，二者相差44%。如表1.1所示。（有关此假设的说明请见第143页的技术说明1。）

尽管高效学校和低效学校的学生的预期成绩差异很大，但当我们将"十分高效的"学校和"十分低效的"学校——排名前1%的学校与排名倒数1%的学校——进行对比时，二者之间的差异会更加显著。以通过率为50%的一场普通考试为例，预计排名前1%的学校会有85%的学生通过考试，而在排名倒数1%的学校，这一数字仅为15%（详解请见第149页的技术说明2）。

表1.1	高效学校学生和低效学校学生考试预期通过率和预期不及格率对比	
	预期通过率	预期不及格率
高效学校(A)	72%	28%
低效学校(B)	28%	72%

本书探讨的核心问题是：领导力在学校的有效运转方面发挥多大作用？换言之，学校对学生成绩的影响在多大程度上取决于学校领导能力？我们会从以往和当下关于领导力的观点开始谈起。

领导力观点之今昔对比

回顾有关领导力的传统观点和信念，我们不难发现，领导力对学校有效性而言至关重要。事实上，几个世纪以来，人们一直认为领导力对各个机构或各项事业的成功均发挥着关键性作用。

在此，仅从学校教育中与学校发展领导力有关的几个方面加以探讨：

- 一所学校是否有明确的使命和目标
- 学校的整体氛围和各个教室的氛围
- 教师的态度
- 教师的课堂实践
- 课程设置与教学组织
- 学生的学习机会

鉴于领导力之重要性有目共睹，领导力超群的校长是高效学校的必要先决条件便不言而喻了。一份1977年发布的美国参议院委员会关于平等教育机会的报告明确指出，校长是学校中影响力最大的人：

> 从许多方面看，校长都是学校中最重要、最具影响力的人。校长对一切与学校发展相关的活动负责。校长的领导风格决定了学校的办学风格、教学氛围、教师的专业水平和精神面貌，以及对学生成长的关注程度。作为社区和学校之间的主要纽带，校长的行事风格在很大程度上决定了家长和学生对学校的看法。如果一所学校充满活力、勇于创新、以学生为本，在教学方面享有声誉，学生们也能人尽其才，人们似乎总会把这一切归功于校长的卓越领导。

鉴于领导力之于学校的重要性和担任核心角色的校长之于领导力的重要性，人们可能会认为，学校领导实践的相关建议是基于几十年形成的清晰且明确的研究体系。然而，这一假设实为不经之谈，原因有二。其一，学校领导力研究的数量远远低于人们的预期。哈林格和赫克在1980年至

1995年的定量研究综述中指出，仅40项研究涉及学校领导力和学生学业成绩之间的关系。通过分析过去35年的研究，我们发现以学校领导力为主题的文章和研究多达5000篇，其中仅69篇对建立领导力和学生学术成就之间的定量关系做出了具体研究（第3章将深入讨论该研究）。尽管鲜有学校领导力方面的实证研究，向教育管理者介绍领导力实践的图书却比比皆是。

其二，关于学校领导力的研究模棱两可，至少人们都这么认为。例如，一些人坚称，这些研究几乎不能为有效地践行学校领导力提供具体指导。正如顿莫耶所言：

> 近代研究一致认为，校长的领导力是影响学校成功的重要因素，然则现有研究就校长如何带领学校取得成功只提出了有限的见解。

另一些人则认为，那些研究甚至不支撑学校领导力显著影响学生的学业成绩这一观点。例如，最近一项关于学校领导力的综合性研究得出了这样一个结论：从统计学上看，学校领导力和学生成绩之间似乎没有任何关系。具体而言，维茨尔、博斯克和克鲁格对国际上37项有关领导力对学生成绩影响的研究进行分析，并称两者之间几乎没有直接关系。我们将在第2章和第3章专门探讨该项研究。然而，从表面上看，其研究结果会让人们误以为在学校建设层面上不需要努力培养领导者。

不同的视角

本书所提之结论与"学校领导力研究无法为具体的领导行为提供指导"之结论截然不同，也与"学校领导力对学生成绩没有明显的直接影响"之结论大相径庭。我们认为，过去35年的研究为学校管理者的具体领导行为提供了强有力的指导，这些领导行为也对学生的学业产生了正面影响。一个逻辑层面的问题是，我们如何根据已有学校领导力研究（或暂无研究）的结果得出此论断呢？这要部分归功于我们在研究过程中采用的"元分析"方法——它专门为类似我们这样的综合性研究而设计。

元分析的性质和功能

许多人呼吁构建一种新的教育领导力研究模式。元分析方法业已在特定领域内的人文和科学综合性研究方面取得了备受瞩目的进展，会逢其适。

"元分析"一词指采用定量方法整合大量研究的一系列技术。该方法在20世纪70年代早期由吉恩·格拉斯和他的同事正式提出并推广。自那时起，不同领域的研究者都选择采用元分析来构建以前无法获得的结论。例如，在《科学如何评估：元分析的故事》一书中，亨特列举了元分析在医学、心理学、犯罪学等领域成功应用的例证，颇具说服力。

简而言之，元分析使得研究人员在相关领域形成基于统计学的研究结论。我们在技术说明3中分析了元分析更具技术性的方面。在此仅讨论对我们关于领导力研究的论断尤为重要的方面，以及采用这种特殊研究方法的原因。

决定采用元分析方法时，我们至少思考了两个问题。第一，我们为何要整合他人的研究，而非自行开展研究？也就是说，我们为何不通过调查高效和低效学校以及这些学校的领导层来研究学校领导力和学生成绩之间的关系，而是选择综合分析其他人的研究呢？答案是，我们所能进行的任何研究，无论构建得多么完善，都会产生"不可控的误差"，从而影响其结果。

举个例子，假设我们已选出10名能力过硬的校长和10名能力欠佳的校长，并把他们随机分配在20所平均学业成绩相同的学校，要求他们在校服务3年。在教育界，此类研究颇具影响力。事实上，2001年12月在美国国会两院顺利通过并于2002年1月8日签署成为法律的《不让一个孩子掉队法案》就建议使用这样的研究设计（类似上述假设），随机分配实验组和对照组，作为所谓"基于科学之研究"的一种形式。然而，教育工作者很快注意到，此类研究设计不仅从资源的角度来看不切实际（例如，如何寻找20名愿意在随机分配的学校工作3年的校长？），从道德的角度来看也是不可接受的（又如何在明知10名校长领导力欠佳的情况下凭良心把他们分配到各个学校呢？）。尽管如此，为了说明问题，假设我们采用了这种相当"严格"的实验设计，即使有严格的控制水平，研究结果也可能受到不可控因素的巨大影响，例如教师的背景和工作经验、不同学校学生家庭环境等方面存在实质性的差异。这些因素有时被称为"抽样误差"。

实践中，不太可能避免研究中的所有错误。正因如此，研究人员在结论中专门写有可能性陈述这一部分。也就是说，若研究人员声称自己的发现在0.05水平上是显著的，其表达的意思是如果研究发现是某类不可控误差的函数，那么100次实验中，研究结果只会出现5次甚至更少。若研究人员声称自己的发现在0.01的水平上是显著的，其表达的意思是研究发现是这个不可控误差的函数的可能性更小——百分之一或更少。元分析可通过检查研究结论来控制这种误差。这样做往往会抵消大部分不可控的错误。有些研究的结果可能受到教师背景的积极影响，而有些则可能会受到同一因素的消极影响。综合多项同类研究后，该因素的影响力往往会被抵消掉。

第二，为什么使用定量的方法进行综合研究，而不是像其他人那样使用更为传统的方法？事实上，每篇博士论文和教育硕士论文都尝试对其具体的研究主题进行全面的文献综述。然而，这些综述通常采用所谓的叙事方法。研究人员采用此法尝试通过寻找一系列相关研究的模式，以符合逻辑的方式总结相关研究的结论。但是，叙事方法非常容易得出错误的结论。在一项关于叙事审查质量的研究中，杰克逊发现了以下几个问题：

- 综述人倾向于只关注整个研究的部分内容。

- 综述人通常就研究结果做出粗略的误导性陈述。

- 综述人通常很少提及分析方法，以致读者无法判断研究结论是否有效。

- 综述人通常不关注研究方法。

为了检验综述类文献采用叙事方法和元分析方法的差别，库珀和罗森塔尔进行了一项研究。他们把40名研究生随机分为两组，要求他们分组分析7项研究。这些研究的共同主题是影响耐力的性别差异。学生们的基本任务是判断这些研究是否支撑性别与耐力存在联系这一假设。一组使用叙述方法，另一组使用基本的元分析方法。两组学生并不知晓这7项研究在统计学上被视为同一组研究，并且支撑性别与耐力有关系的假设。叙述组中的绝大多数研究生误认为这些研究并不能支撑这一假设；元分析组中的绝大多数人则认为这些研究确实支撑这一假设，做出了正确的判断。格拉斯、麦高和史密斯讨论该研究时指出，这种"截然不同的结论是条件相当的被试组在仅仅分析了7项研究之后得出的"。他们进而提出，基于大量研究的叙事综述所得之结论很可能受综述人传统观点的影响而产生偏差。

总之，我们选择使用定量的元分析方法来综合分析领导力研究文献，因为这是回答关于学校领导力相关研究有何结论这一问题最为客观的方法。

主要研究发现

在分析了涉及2802所学校、约140万名学生和14,000名教师的69项研究之后，我们计算出校长的领导行为与学生平均成绩之间的相关性为0.25。第3章将深入讨论这种相关性的意义，这里暂且略谈一二。首先应当注意，将元分析的结果，特别是声称与我们一样具有全面性的结果，减少到单一相关性，这充其量是对研究结果的过于简化。事实上，被视为现代元分析创始人的格拉斯并不赞同这种做法。注意到这一点后，我们再来思考元分析中的平均相关性，因为它仍然是教育研究中讨论元分析结论时最常用的手段。

为了解释0.25的相关性，我们假设受聘于某学区的一名校长被分配到一所学生平均成绩位于中游（第50百分位）的学校（进一步说明请见第143页技术说明1）。假设校长的领导能力也处于中等水平（第50百分位）。也就是说，一个普通学校的领导者是一位普通校长。

现在，假设该校长会在该所学校主政几年。0.25的相关性告诉我们，久而久之，可以料想该学校的平均成绩仍会保持在中等水平。但是，现在把校长的领导力提高一个标准差——从第50百分位提高到第84百分位。这可能是由于校长参加了该学区提供的一系列关于领导力的拓展课程或研讨会。0.25的相关性表明，随着时间的推移，可以预测学生的平均成绩将上升到第60百分位。如图1.1所示。就学生的平均成绩而言，这是相当大的提升。

为了进一步研究0.25的相关性，我们将校长的领导力从第50百分位提高到第99百分位。换言之，领导力培训十分有效，足以把校长的领导水平提高到最高的百分位。0.25的相关性表明，长此以往，可以预测学生的平均成绩将上升到第72百分位。如图1.2所示。

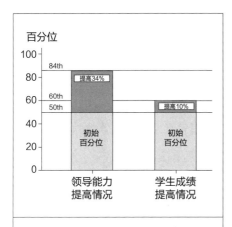

图1.1 领导能力从第50百分位提高到第84百分位时学生成绩提高情况预测

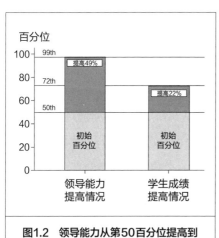

图1.2 领导能力从第50百分位提高到第99百分位时学生成绩提高情况预测

从表面上看，这些研究发现令人信服。高效的学校领导力能够对学生的整体学业成绩产生巨大的影响。大多数教师、家长和学生看到学校的平均成绩提高了22个百分点，哪怕是10个百分点，都会喜不自禁吧。

以研究为基础的学校领导力原则

元分析旨在梳理35年的学校领导力研究取得了哪些成果。我们将在第3章探讨研究发现。然而，我们不会就此结束。相反，我们会利用这些发现制定称得上是关于学校领导力最严格、最全面的原则。读者应该注意到，在描述研究结论时，我们有意避免使用"理论"一词。安德森解释道，一个理论是一个精确的演绎系统，允许人们基于理论中相关变量的信息准确预测行为。原则指一般行为准则，不构成精确的预测系统。我们提出的原则不同于基于大多数当前教育研究的思考而得出的理论。再次引用格拉斯纪念元分析提出25周年一文中的话，"我们不应再把自己看成是罗列宏大理论的科学家，而应当实事求是，当好收集和整理信息的技术人员"。格拉斯称赞米尔首先指出了诸如教育学等"软性社会科学"根本不可能像物理、化学、医学等硬科学那样通过设想、检验，进而推导出理论。这并不是说教育工作者不该利用研究结果制定通则或适用于特定情况的行事准则。相反，这正是我们几经尝试要做的。

小结和结论

长期以来，人们一直认为领导力对一般组织，特别是学校的有效运转十分重要。然而，一些研究人员和理论家则断言，学校领导力研究充其量是模棱两可的，他们甚至得出领导力对学生成绩无影响的最坏结论。相比之下，针对历时35年相关研究的元分析表明，学校领导力对学生成绩具有实质性影响，并为经验丰富、志向远大的管理者提供指导。

第 2 章

领导力研究的理论和理论家

若要将有关学校领导力的研究整理成一套原则，让现在和未来的学校领导者可以用来指导自身行为，显然我们需要站在做过相关研究的学者肩膀上。本章将简要回顾一些颇为著名的领导力理论和理论家。在接下来的章节中，您将看到我们元分析中的很多发现都可以有力地支持这些理论和理论家的主要观点。

著名理论简介

许多领导力理论在指导学校领导者方面起到重要作用。我们梳理了一些理论，这些理论也是本研究的基础。

变革型领导和交易型领导

人们在讨论商业和教育领导力时，经常会提到两个术语，即**"变革型领导"**和**"交易型领导"**。这两个术语都源自詹姆斯·伯恩斯的著作。伯恩斯通常被认为是现代领导力理论的创始人，研究方向集中在政治领域。他率先为领导力起草了一个有力且令人信服的一般性定义：

> 我把领导力定义为领导者引导追随者为实现某些目标而行动的过程，这些目标反映了领导者和追随者的价值观和动机——欲望和需求、愿望和期待。领导智慧在于领导者如何看待自己和追随者的价值观和动机，并为之采取行动。

在上述一般性定义中，伯恩斯从根本上区分了两种类型的领导者：**交易型**和**变革型**（他称之为"转型"）。一般而言，交易型领导被定义为用一种事物换取另一种事物（替代），而变革型领导更侧重于改变。

巴斯和阿沃利奥更加具体地描述了交易型领导的3种类型：**被动例外管理、主动例外管理和建设性交易**。索西克和迪翁解释说，被动例外管理涉及标准制定，但要等到重大问题发生后才采取领导措施。这种领导风格的追随者通常认为，他们的工作是维持现状。采取主动例外管理的领导者会关注出现的问题，制定标准，并仔细监控行为。事实上，他们在管理行为上非常激进，以至于这一领导风格的追随者认为，他们不应该冒险或表现出主动性。建设性交易型领导是所有交易型领导风格中最有效、最积极的。这种类型的交易型领导者会设定目标，解释期望的结果，对员工成就给予奖励和认可，给出建议或咨询，提供反馈，并在适当的时候表扬员工。与其他两种风格相比，这种交易型领导风格的显著特点是，追随者可以更加深入地参与管理过程。追随者通常做出的反应是关注并实现预期绩效目标。

变革型领导是最受欢迎的领导风格，因为它被认为能够产生超出预期的结果。根据伯恩斯的研究，变革型领导可以建立"一种相互刺激和提升的关系，将追随者转化为领导者，并可能将领导者转化为道德代表"。如巴斯所述，变革型领导者的行为有四大特征：个性化关怀（individual consideration）、智力激励（intellectual stumulation）、鼓舞性激励（inspirational motivation）和理想化影响（idealized influence）。这些被称为变革型领导的"四个I"。个性化关怀表现为"关注可能被忽视的成员"。智力激励表现为"鼓励追随者以新方式思考旧问题"。鼓舞性激励表现为通过投射一种鼓舞追随者的强大、自信、充满活力的状态来传达"高绩效期望"。最后，理想化影响表现为通过在个人成就、品质和行为方面树立典范来"塑造行为"。

教育领域的变革型领导

在伯恩斯、巴斯、巴斯和阿沃利奥研究的基础上，肯尼思·利思伍德提出了学校变革型领导模型。他指出，巴斯和阿沃利奥提出的变革型领导的"四个I"是校长应对21世纪挑战的必备技能。例如，学校领导人必须照顾到个别教职工的需要，关注他们的个性化需求，特别是那些看上去被遗忘了的教职工（个性化关怀）。有效的学校管理者必须帮助教职工以新方式思考旧问题（智力激励）。有效的学校管理者必须通过展现出强大和充满活力的状态，传达对教师和学生的高期望（鼓舞性激励）。最后，有效的校长必须通过个人成就和展示良好品格，为教师的行为提供榜样（理想化影响）。

全面质量管理

爱德华·戴明（1986）通常被认为是全面质量管理（TQM）的创始人，很大程度上是因为他构建的框架帮助第二次世界大战后的日本恢复了制造业基础，并帮助福特、施乐等美国企业提高了产品和服务质量。虽然全面质量管理是专门为商业领域创建的，但它对教育领域的领导实践也产生了巨大影响。其核心是适用于所有组织类型的14条原则。瓦尔德曼提出，为了更加具体地定义有效领导者的行动，可以将戴明的14个要点汇总为5个基本要素：变革推动者、团队合作、持续改进、建立信任和消除短期目标。

变革推动者。索西克和迪翁将变革推动者定义为领导者刺激组织变革的能力。变革推动者需要领导者分析组织对变革的需求，隔离和消除不利于变革的结构和例行程序，创造共同的愿景和紧迫感，植入有利于变革的计划和结构，并促进坦诚沟通。

团队合作。全面质量管理的一个显著特征是强调组织内团队的重要性。索西克和迪翁赋予"团队"以下定义：

> 团队由两个或两个以上具有互补技能的人组成，他们彼此互动，完成共同的任务目标。团队成员认为他们共同承担实现目标的责任。团队的成立是为了服务于部门内以及跨部门的组织利益。

有效的领导者不仅参与建立团队，而且还通过提供必要的资源和支持以确保团队的活力。

持续改进。这一概念的（大致）意思是，组织中所有成员对组织的关键方面进行持续、渐进的改进。根据戴明的说法，领导者必须在组织中引入持续改进原则，并通过使员工时刻牢记组织目标，以及判断组织是否有效实现了这些目标，来实现持续的改进。

建立信任。顾名思义，建立信任包括创造一种氛围，使公司和员工可以将组织视为一个"双赢"的环境。索西克和迪翁将建立信任描述为"在领导者正直、诚实和开放的基础上建立尊重和向追随者灌输信念的过程"。领导者通过日常行动建立信任氛围。其中，具体行动包括：体察员工的担忧、知晓如何激励员工，以及了解需要为员工提供哪些必要条件才能使他们最高效地工作等。

消除短期目标。戴明用这一术语指代消除传统上在彼得·德鲁克的目标管理模型中设定的目标类型。具体而言，这意味着消除基于配额的、高度数字化的短期目标。索西克和迪翁称，戴明特别蔑视这类目标及其对短期定量结果的强调。这并不意味着戴明反对明确具体的目标，只是他所倡导的目标更多地集中在过程和长期视角上。有效的领导者不仅参与制定与目标设定有关的标准，而且还参与目标的设定和实施。

服务型领导

"服务型领导"一词最早出现在20世纪70年代的领导力文献中。这一概念由罗伯特·格林利夫提出。他认为有效的领导源于帮助他人的愿望。这种观点与强调控制或监督组织内部员工的理论（如交易型领导）形成鲜明对比。

服务型领导对领导者在组织中的定位也出于独特的视角。服务型领导不是占据等级制度的顶端，而是处于组织的中心位置。这意味着其与组织的各个方面以及组织内部的个体保持联系，而非仅仅与同样位于等级制度上层的少数高级管理人员互动。

服务型领导的核心动力是培养组织内部成员。因此，服务型领导的关键技能包括：

- 了解组织内部成员的个人需求
- 治愈组织内部冲突造成的创伤

- 成为组织资源的管家
- 发展组织内成员的技能
- 做一个有效的倾听者

虽然服务型领导通常不像其他一些领导力理论（如全面质量管理）那样被视作全面的领导力理论，但它已经成为许多领导力理论家思想的一个关键组成部分。

情境型领导

情境领导理论通常与保罗·赫塞和肯尼斯·布兰查德的研究相关。情境型领导的基本原理是，领导者根据追随者执行特定任务的意愿和能力，使其领导行为适应追随者的"成熟程度"。根据执行任务的意愿和能力高低，有4种相应的领导风格：

- 当追随者没有能力且不愿执行给定任务时，领导者指挥追随者的行动，而不太关心个人之间的关系。这种风格被称为"高任务—低关系"聚焦，或称为**"命令型"**领导。

- 当追随者没有能力但愿意执行任务时，领导者以友好的方式与追随者互动，但仍然提供具体的指导。这种风格被称为"高任务—高关系"聚焦，或称为**"推销型"**领导。

- 当追随者有能力但不愿意执行任务时，领导者不必提供太多的指导，但必须说服追随者从事任务。这种类型被称为"低任务—高关系"聚焦，或称为**"参与型"**领导。

- 当追随者能够并且愿意执行任务时，领导者将任务的执行留给追随者，很少干预或不干预，基本上信任下属能够自行完成任务。这种风格被称为"低任务—低关系"聚焦，或**"授权型"**领导。

卓越的领导者能够熟练掌握以上所有4种风格，并了解追随者的能力水平以及他们执行具体任务的意愿。这些领导者知道，没有任何一种领导风格适合所有追随者，并能够适用于所有情境，因此需要准确地判断哪些风格在哪些情况下适合哪些追随者。

指导型领导

在过去20年中，教育领导领域最受关注的研究主题当属指导型领导。利思伍德、詹特兹和施泰因巴赫在回顾有关领导力的当代文献时指出，指导型领导是北美最常提到的教育领导力概念之一。然而，尽管广受欢迎，它却尚无完善的定义。

多年来，威尔玛·史密斯和理查德·安德鲁斯对指导型领导力的阐释知名度最高。他们确定了指导型领导者的4个维度或角色：资源提供者、指导者、沟通者和在场者。作为资源提供者，校长确保教师们拥有履职所需的充分材料、设施和预算。作为指导者，校长通过示范期望行为、参与在职培训和坚持以教学为本，积极支持日常的教学活动和项目。作为沟通者，校长对学校发展有着明确的目标，并会向教职员工阐明这些目标。作为在场者，校长经常走进课堂观摩教学，并且乐于为教师和工作人员提供便利。

关于指导型领导的典型特征，其他人提出了略微不同的观点。例如，布拉斯在其"反思—成长"模型中提出了以下特征：鼓励和促进教与学的研究，促进教师之间的合作，建立教师之间的辅导关系，利用指导型研究制定决策，以及使用成人学习的原则对待教师。格利克曼、戈登和罗斯–戈登确定了以下特征：直接协助教师开展日常活动，在教职工中建立协作小组，设计和订购有效的教职工发展活动，制定课程表，以及利用行动研究。哈林格、墨菲、韦伊、梅萨和密特曼确定了指导型领导的3个一般职能：明确学校的使命，管理课程与教学，营造积极的学校氛围。最后，指导型领导也与变革型领导之间存在联系。根据利思伍德、詹特兹和施泰因巴赫的观点，变革型领导是指导型领导的扩展，因为该领导类型"更笼统地说，旨在代表组织促进内部成员努力工作，以及提升熟练技能"。

著名的理论家

一些理论家对幼儿园至12年级教育（以下简称K-12教育）的领导实践产生了重大影响。同样，我们在此仅介绍一部分理论家，这些理论家的研究为我们分析研究文献的工作奠定了基础。

沃伦·本尼斯

沃伦·本尼斯十分注重未来需求。他在《成为领导者》一书中预测了21世纪领导者所必需的行为。他强调了一个事实，即现代领导者绝不能依靠其个人技能或魅力来进行变革。他还提出了有效领导者的4个关键特征：首先，领导者必须能够通过创造共同愿景来激励他人。其次，领导者必须能发出清晰且与众不同的声音。这种声音应当目标明确、具有自我意识感且充满自信。再次，领导者必须恪守强大的道德准则，秉持对更高善意的信念，并以此作为行动的出发点。最后，领导者必须有能力适应无情的变革压力。在《领导者：成功谋略》一书中，本尼斯和耐纳斯将这一特征与伯恩斯的变革型领导概念联系起来。

彼得·布洛克

在《就该这样做：要事优先》一书中，彼得·布洛克将领导力定义为提出有效问题的行为。具体而言，他认为在变革过程中过早地提出"如何"类的问题会削弱对话力量。布洛克指出，有效的领导者是社会建筑师，其任务是创造出增强或抑制组织有效性的"社会空间"。理想的社会空间应当有利于解决组织问题，甚至是最为错综复杂的组织问题。对于布洛克来说，重要的领导技能包括组织关键讨论、列举问题、重视学习过程中的讨论而非过早地关闭解决通道，以及使用参与式解决方案设计策略。

马库斯·白金汉和唐纳德·克利夫顿

通过与盖洛普公司合作，马库斯·白金汉和唐纳德·克利夫顿提出了组织内部的个体可能具备的34种独特"才能"或"优势"。个体通常在某些方面能力出众，而在另一些方面则能力欠佳。白金汉和克利夫顿认为，为了建立一个"基于优势"的组织，领导者应当花费大量的时间选择合适的人选，规范结果而非规范达成结果的风格或方式，注重培训来强化已有优势，而不应将人们提拔到他们无法施展其才能的职位。也就是说，不应将人们提拔到他们不擅长的职位任职。

詹姆斯·柯林斯

詹姆斯·柯林斯展开了极具影响力的研究，分析了实现"从优秀到卓越"的企业之特质。这些研究在教育和商业领域也有着重要意义。研究表明，"优秀"公司和"卓越"公司的区别就在于他所指的第五级领导者。柯林斯解释说，相较于吸引别人来关注自己，第五级领导者对建立一个卓越的公司更感兴趣。他们兼具谦逊与强大的个人意志，表现出强烈的意愿排除万难，去做公司中最重要的事情。出现问题时，他们倾向于寻找内因，而不是将错误归咎于外部因素。第五级领导者还具备以下特征：

- 以高标准而非个人魅力作为实现目标的主要工具
- 与适合的人共事
- 打造纪律文化
- 诚实地看待公司的实际情况
- 乐于解决关乎公司未来发展的难题

史蒂芬·柯维

史蒂芬·柯维的研究与柯林斯类似。尽管其研究本身并非针对教育者，但其在教育领域也颇具影响力。柯维在《高效能人士的七个习惯》一书中提出了7种在不同情境中产生积极结果的行为。他把这些习惯设计成指令。**积极主动**指我们应当控制环境，而不是被环境控制。有效的领导者必须通过对关键情境做出反应来控制其所处的环境。**以终为始**指有效的领导者总是牢记组织的目标。**要事第一**指首先关注那些与组织目标直接相关的行为。与组织目标相关的行动优先于所有其他行动。**双赢思维**指在实现组织目标的同时，确保组织全体成员均能受益。**知彼解己**指通过倾听和理解组织内人员的需求来建立强有力的沟通渠道。**统合综效**这一原则是指合作与协作所产生的效能大于孤立个体将产生的工作效能。**不断更新**包括从以前的错误中吸取教训、磨炼技能，确保不会重蹈覆辙。

柯维的第二本著作《高效能人士的领导准则》以上述7个习惯作为有效领导的基本原则。但是，这部著作强调领导者需要在个人生活中有强烈的使命感，也需要具备指导自身日常行为的准则。对于柯维来说，有效的领导者应当通过个人行动来传达明确的使命感和生命的意义。

柯维的第三部著作是《要事第一》，该书在教育领域应用甚多。柯维虽然也提到了时间管理的概念，但他对其传统解释加以拓展，强调了人应当最大限度地高效利用时间。对于柯维来说，一个人下一步的选择既受到其人生目标的引导，又受到其当前任务要求的限制。因此，一个人能否最大限度地高效利用时间决定了他能否最有效地解决手头的问题，也决定了他能否实现既定的人生目标。

理查德·埃尔莫尔

理查德·埃尔莫尔的领导角色研究提供了一个独特的视角。他与那些推崇指导型领导风格的人观点一致，强调理解课程、教学和评估中有效实践的重要性，并重视在与这些主题相关的日常问题上与教师合作的能力。然而，他告诫称，一个人必须具备相关的知识基础，才能在课程、教学和评估方面提供指导。埃尔莫尔的解决方案是建立分配领导责任的组织。虽然校长可能没有时间、精力或心思学习关于课程、教学和评估的现有知识，但学校里的其他人可能具备相关知识。总之，埃尔莫尔倡导使用分责式的领导模型，并不期望校长独自履行一切领导职能。

迈克尔·富兰

迈克尔·富兰对领导理论研究贡献显著，但其成果主要集中在变革的过程和变化的领导力方面。他在《变革的力量：透视教育改革》一书中指出，教育改革者正在进行一场"打不赢"的战斗，因为教育系统虽然呈现出不断寻求变革的发展趋势，本质上却十分厌恶变革。尽管他并未就此提出简明的解决方案，但指明了思考变革的新方式。例如，将问题视为机遇，认识到变革不能强行为之，确保个人主义和集体主义拥有平等地位，以及将学校打造成学习型社区等。在《引领变革的文化》一书中，富兰描绘了引领变革的蓝图。基于"有效领导力的相关知识基础足以为学校领导者提供明确的指导"和"所有领导者都能成为有效领导者"这两点假设，他提出变革中有效领导力的5个特征：道德目标、理解变革过程、强大的关系、知识共享，以及连贯性，或在新旧知识之间建立联系。

罗纳德·海费茨和马蒂·林斯基

罗纳德·海费茨和马蒂·林斯基强调，领导行为必须适应新形势的要求。他们对组织可能遇到的3类情况做了基本区分。第一类是传统解决方案通常可以应对的情况。这类情况所涉及的问题一般是组织日常工作的一部分。最适合这些情况的领导行为包括建立惯例和运作程序，保护员工免受可能分散工作注意力的问题的干扰。第二类是传统解决方案无法充分解决的情况。在这些情况下，最为合适的领导行为包括提供资源，帮助组织中的人员找到解决问题的新方法。最后，第三类是以组织现有的信念和价值观不能得到充分解决的情况。这些情况往往需要领导者协调冲突，建立新的信念和价值观，从而使旧制度背景下不可能采取的行动成为可能。在第三类情况中，领导者利用职权将帮助组织成功的责任转移给利益相关者。

詹姆斯·斯皮兰

詹姆斯·斯皮兰和同事着重研究分责式领导的概念。他们没有将分责式领导仅仅定义为任务的分配，而是将其描述为领导者和追随者之间的互动网络。这些领导者和追随者会根据形势的需要定期变换角色。他们重点提出领导职能在多位领导者之间分配或"延伸"的3种方式：若一位领导者的行为是另一位领导者行为的基础，则为**合作式分责**；若多名领导者分别独立行动，但目标一致，则为**集体式分责**；若任务按照先后顺序由不同的人担任领导一职，则为**协调式分责**。

其他综合性研究

与构成本书基础的研究一样，其他著名的综合性研究也梳理了前人研究，试图找出一些关于学校领导力的广泛原则。以下是对一些综合性研究的介绍。

我们回顾了35年以来的文献——最早追溯至20世纪70年代初，那时是学校效能运动的全盛时期。从70年代的学校效能相关文献中得出的一个普遍结论是，教育领导力在有效的学校中发挥重要作用。与有效领导有关的具体行为包括：监督学生在具体学习目标方面的进展，为教师提供指导，对学生成绩和教师表现提出较高期望，注重基本技能，监管课程设置等。这些结论所依据的许多研究都采用了对比"高分"和"低分"学校的研究设计。通过研究二者的特点找出主要差异。这类研究被称为"离群研究"。自70年代以来，许多文章和著作对有效学校的特征进行了描述，但是像我们这样对学校领导力的相关研究进行综合分析的研究却屈指可数。

在《探索校长对学校效能的贡献：1980—1995年》一文中，菲利普·哈林格和罗纳德·埃克综合分析了1980—1995年进行的40项实证研究的结果。他们将这些研究分为三大类：使用直接效应模型的研究、使用中介效应模型的研究和使用互惠效应模型的研究。直接效应模型指在校长行为和学生成绩之间建立直接联系的模型。这基本上是20世纪70年代学校效能研究中采取的方法——如果校长做出某些行为，学生的成绩就会提高；如果校长未做出这些行为，成绩就不会提高。中介效应模型假设校长只能通过其他人，尤其是教师，来影响学生成绩。更严格来讲，中介效应模型假设校长通过一系列间接途径影响学生的成绩，例如事件、人、文化和结构等因素。最后，互惠效应模型假设校长和教师会相互影响。校长的行为影响教师的行为，而教师的行为又反过来影响校长的行为。这些模型涉及各种变量之间的多条路径。

凯瑟琳·科顿在《校长与学生成绩：研究的结果》一书中发表了她叙述性文献综述的发现。我们在第1章提到，叙述性综述是评论者对研究进行的严格逻辑分析（而非定量分析），并尝试寻找一些模式和趋势。以1985年至今的研究为重点，科顿共查阅了81份报告，部分报告涉及多个主题。其中，有56篇涉及校长领导力对学生成绩的影响，10篇涉及校长领导力对学生态度的影响，8篇涉及学生行为，15篇涉及教师态度，4篇涉及教师行为，3篇涉及辍学率。科顿提出了在学生成绩、学生态度、学生行为、教师态度、教师行为和辍学率方面产生积极影响的25种校长行为，如下所示：

1. 安全有序的环境

2. 注重高水平学生学习的愿景和目标

3. 对学生学习提出较高期望

4. 自信心、责任心、毅力

5. 可见、可及

6. 积极和支持性的校园氛围

7. 沟通和互动

8. 情感和人际支持

9. 家长和社区外联及参与

10. 仪式、典礼和其他象征性活动

11. 共享领导责任，共同制定决策，为教职工赋权

12. 协作

13. 教学式领导

14. 不断追求高水平的学生学习

15. 持续改进

16. 讨论教学问题

17. 走进课堂听课并反馈给教师

18. 支持教师发挥自主权

19. 支持冒险行动

20. 职业发展机会和资源

21. 保障教学时间

22. 关注学生进步情况并分享结果

23. 根据学生的进步情况改进方案

24. 认可学生和教职工的成绩

25. 以身作则

上述25种校长行为与本研究报告的定量综述部分的清单高度吻合（见第4章），故在此详细列出。鉴于科顿所做的是叙述性文献综述，她没有定量估计校长领导力对学生成绩的影响。然而，其结论颇为直截了当：她指出，校长领导力的确会对学生成绩产生影响，尽管这种影响是间接的。她引用他人研究解释道：

> 总的来看，这些研究者发现，虽然一小部分效果可能是直接的——校长在课堂内外与学生的直接互动可能是激励性的、鼓舞人心的、有启发性的或有影响力的——但其中大部分是间接的，即需要通过教师和其他中间人实现。

与我们的研究最为相似的综合研究来自鲍勃·维茨耶斯、罗尔·博斯克和梅塔·克鲁格，他们发表了题为《教育领导与学生成绩：探索不易察觉的关联》的文章。其研究目的是探索学校领导力与学生成绩之间的定量关系。同我们的做法一样，他们亦采用了元分析研究方法。此外，他们也使用相关系数作为衡量领导力与学生成绩之间关系的指标。他们查阅了1986年至1996年在不同国家进行的研究。如第1章所述，他们的主要发现是校长的总体领导力与学生成绩几乎没有相关性。其研究发现的相关系数为0.02，比我们发现的相关系数0.25要小得多。

为了说明这一点，现将我们的研究结果与维茨耶斯及其同事的研究结果进行对比，从而解释学生成绩的预期增长与领导行为的相关性。根据我们的相关系数0.25，如果领导行为从第50百分位提升到第84百分位，学生成绩可以从第50百分位提高到第60百分位。如果维茨耶斯的相关系数代表领导行为与学生成绩之间的真实关系，那么当领导行为从第50百分位提升到第84百分位时，相应地学生成绩可以从第50百分位提高到第51百分位。显然，他们的元分析暗示学校领导对学生成绩几乎没有影响。事实上，其基本结论之一是"领导能力和学生成绩之间的联系很弱"。然而，他们的确对这种概括进行了限定，指出如果采用间接效应作为假设进行研究，结果会更加乐观。维茨耶斯的研究与本研究之间的对比对于理解过去35年的研究结论具有重要意义。我们在第3章和技术说明6（见第168页）中对此进行了深入分析。

最后一个与我们的研究相似的综合研究是肯尼思·利思伍德、凯伦·西肖尔·路易斯、斯蒂芬·安德森和凯拉·瓦尔斯特龙进行的。与科顿的研究一样，作者也采用了叙述性方法。值得注意的一个发现是，他们估算的领导力与学生成绩之间的相关系数在0.17到0.22之间。当然，这一相关系数的最大估值与我们的估值0.25非常接近。事实上，他们得出的主要结论之一是，在所有与学校有关的因素中，领导力在促进学生在校学习方面仅次于课堂教学。其中科顿提出了25种领导行为，我们则提出了21种（见第4章），而利思伍德及其同事提出了3种基本行为，并称之为"成功领导的核心"。**设定方向**在领导者的影响中所占比重最大。这类行为旨在帮助教职工确立和理解学校的目标，构成学校共同愿景的基础。**培养人才**涉及学校内部教职工的能力建设，使其发挥所长。具体行为包括"提供智力激励、个性化支持以及对组织至关重要的最佳实践模式和信念"。**重新设计组织**涉及改变可能"削弱教育者的良好意图、阻碍有效实践"的组织特征。具体做法包括加强学校文化建设，制定协作流程。

小结和结论

上述理论、理论家和综合研究为我们的许多结论提供了基础和参考。交易型领导、变革型领导和指导型领导等理论，以及柯林斯、埃尔莫尔和海费茨等理论家的研究，构建了一个知识库，使我们能够从一个广泛的框架中回顾过去的研究。其他综合性的研究则用来同我们的研究发现进行对比。

第 3 章

元分析

元分析指使用定量方法来对某一领域的研究进行综合分析，这是我们采用的主要研究方法。我们感兴趣的领域为校长践行的学校领导力。进行元分析时，我们整合了从1970年至今所有可获得的研究。这些研究均满足以下条件：

- 研究对象为K–12教育阶段的学生。

- 涉及美国的学校或密切反映美国学校的文化场景。

- 直接或间接探究校长领导力与学生成绩之间的关系。

- 学习成绩以标准化考试或全州考试来衡量，或根据两种考试中的一种或两种得出综合指数。

- 相关形式的效应值已报告或可计算。

我们理应注意到，有一类研究符合这些标准，但有时未被纳入我们的分析。这些研究涉及领导"风格"——基于一些预定理论的一般性领导行为分类。例如，埃文斯和特德利研究了学校中**发起者、管理者和回应者**的领导风格与总体成就之间的关系。类似地，海伊和阿基里斯分析了以下风格与学校成就的关系：**参照者、专家、赋能者、强制者、法律权威、规范制定者和参与者**。这些研究提供了有用的视角。但是，它们之所以未被纳入我们的元分析，是因为它们代表了相当广义的行为分类，本身就是具体行为的总结。鉴于我们的主要目标之一是明确特定的领导行为，故而只分析了尚未被归入广义类别的特定行为研究。

纳入元分析的研究

首先，我们在科教资源信息中心（ERIC）、Psych Lit和学位论文摘要这3个标准数据库中搜索了关于领导力的条目，共检索出5000多个标题。其中300份文献的描述大致符合设定的标准。我们也查阅了科顿、哈林格、埃克、利思伍德、贝格利和卡曾思等人开展的综合性研究。为了找出其他可能符合标准的研究，我们还查阅了纳入元分析的研究中所列的参考文献，由此找出了69项研究。

这69项研究多半采用了方便抽样法或目的性抽样法。包括某一学区所有学校的研究采用了方便抽样法。相比之下，使用与学生成绩相关的某项标准，将一个学区或一个州内表现优异的学

研究数量：69
研究完成或出版的时间：1978—2001年
所涉及的学校总数：2802
研究的数量及不同级别的学校数量：
- 小学：39项研究，1319所学校
- 中学/初中：6项研究，323所学校
- 高中：10项研究，371所学校
- 幼儿园至8年级：8项研究，290所学校
- 幼儿园至12年级：6项研究，499所学校
估计涉及的教师人数：14,000*
估计涉及的学生人数：1,400,000**

*该数值基于如下事实：在一项研究中完成问卷调查的平均教师人数约为5人。
**该数值基于如下事实：所研究学校的平均学生数约为500人。

图3.1 元分析中选用的研究

校挑出来，与表现不佳的学校进行比较，此类研究则采用了目的性抽样法。图3.1展示了这69项研究具备的主要特征。

如图3.1所示，这69项研究横跨23年——1978年至2001年。未发现1978年之前或2001年之后符合我们标准的研究。这些研究涉及共计2802所学校。请注意，在对研究结果的讨论中，我们提到了64项研究和2599所学校。这些数字低于图3.1所示的总数，原因在于我们在分析中排除了极端分数或"异常值"（见表3.2和表3.3的注释）。有关小学的研究最多（39），涉及1319所学校。针对幼儿园至8年级样本的研究要少得多（8），涉及的学校数量最少，仅有290所。

其次，元分析中的研究通常使用某种类型的问卷调查，了解教师对校长领导行为的看法。我们选用了教师对校长领导能力的评分，而非校长的自评分或上级评分。不同的调查对象对校长领导能力的评分有所不同，这已经得到证明。我们认为教师提供的信息是最为有效的，因为他们最熟悉学校的日常工作和校长的行为。

最后，我们在每所学校内教师评分的平均数与该校学生的平均成绩之间建立联系。随后，以学校为单位进行分析。每所学校有一个代表学生平均成绩的单一总分数。此外，在教师对校长总体领导行为的普遍看法方面，以及在对校长的一个或多个特定领导行为的普遍看法方面，还有一个或多个总评分。

领导力的整体影响

在我们所分析的每项研究中，总体领导力和学生成绩之间的相关性有些是通过计算得出的，有些是直接从研究中提取的。总之，我们提取或计算了69个代表总体领导行为与学生学习成绩之间关系的相关系数。如第1

章所述，相关系数的平均值为0.25。第1章进一步指出，这种相关性表明，若校长领导行为从第50百分位提升到第84百分位，则学校的总成绩可以从第50百分位提高到第60百分位。此外，若领导行为从第50百分位提升到第99百分位，则学生成绩可以从第50百分位提高到第72百分位。

对相关系数0.25的另一解释为学校领导的潜在影响提供了不同的视角（该方法相关讨论见第168页的技术说明）。表3.1展示了一个假设情境，却也准确地解释了校长领导力与学生学习成绩之间的平均相关性。为了理解行标题所指的校长有效性排名前50%和后50%的学校，让我们回到第1章。第1章开端便提到美国有超过9.4万所幼儿园至12年级的学校。

表3.1　在相关系数为0.25时，领导有效性对学校预期通过率的影响		
	通过测试的学校比例	未通过测试的学校比例
校长领导有效性排名前50%的学校	62.5%	37.5%
校长领导有效性排名后50%的学校	37.5%	62.5%

因此，美国大概有9.4万名校长。试想将这些校长按学校领导有效性顺序排列，我们可以做出合理假设：他们会形成如第039页图3.2所示的正态分布图。分布图的前半部分包含领导力排名前50%的校长，分布图的后半部分则包含领导力排名后50%的校长。

现在让我们回到表3.1和纵列标题——通过或未通过测试的学校比例。为了解释这些标题，假设这9.4万所学校的所有学生都参加了某项测试。一所学校要想通过测试，该校学生的平均成绩必须超过一定的"分数线"。此外，根据考试设计，通常50%的学校会通过考试，而50%的学校则不能通过。表3.1为根据学校的校长领导有效性评分是位于分数分布的前50%还是后50%，预期通过率的变化情况。如表3.1所示，在分布表中前半部分的校长所任职的学校中，62.5%的学校会通过测试，37.5%的学校不会通过。对于分布表后半部分的校长所任职的学校，预期则恰恰相反——只有37.5%的学校会通过测试，62.5%的学校不会通过。换言之，分布表前半部分的校长所任职的学校通过测试的概率高出25%。

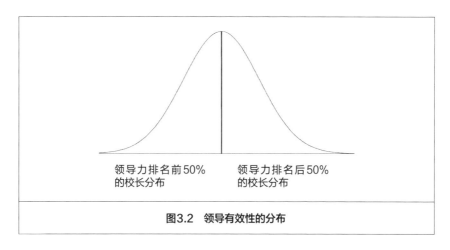

图3.2　领导有效性的分布

　　无论我们是通过这个基于预期通过率的例子，还是通过前一个基于学生平均成绩预期百分位变化的例子，得到的信息都很明确——校长的领导行为会对学生成绩产生深远影响。我们认为，总体得出的0.25的平均相关系数是令人信服的，应当可以促使学校领导寻求方法来提高其领导能力。然而，至少有一项与我们研究目的相同的研究认为，校长领导力与学生成绩之间的关系要小得多。在合理地根据研究发现提出建议之前，我们必须解释这一差异。

根据其他研究得出的结果

　　值得注意的是，我们发现校长领导行为与学生成绩之间的平均相关系数为0.25，远远高于维茨耶斯、博斯克和克鲁格的元分析结果。他们的研究报告指出，领导力和学生成绩之间的平均相关系数为0.02，这表明领导力和成绩之间几乎没有关系。为了突出这一点，他们将文章标题定为《教育领导与学生成绩：探索不易察觉的关联》。显然，我们的发现和结论与他们的结果大为不同。技术说明6（见第168页）详细分析了造成这些不同研究发现的原因。然而，以下3个基本原因可以简要解释这种差异。

造成研究结果差异的第一个原因是，与我们对美国学校的研究不同，维茨耶斯及其同事所研究的学校分布在多个国家。举例说明，在维茨耶斯的元分析所包含的37项研究中，有25项取自国际教育成就评价协会（IEA）对25个国家阅读能力的研究。在这些针对美国以外的国家的读写能力研究中，领导力和阅读成绩之间的相关性非常低。从分析中剔除IEA的研究后，维茨耶斯和他的同事们发现，领导力和成绩之间的相关性翻了一番。此外，他们的元分析中还包含来自荷兰的研究，但这些研究大多都表明领导力与学生成绩之间没有关系（相关系数为0.00）。正如维茨耶斯和他的合作者所言，"总样本和剔除IEA数据的样本结果均表明，在荷兰，效应值（相关性）大约为零"。总之，美国以外的大多数研究报告所得相关性都非常低，使总的平均值大幅下降。维茨耶斯和他的同事计算了美国同类研究的平均相关性，他们发现这一数值为0.11。

平均相关系数的计算方式不同是造成这两项研究在估计领导力对学生成绩的总体影响方面存在差异的第二个原因。我们的平均相关系数计算过程详见技术说明7（见第170页）。但是，在元分析中，我们在简要计算各项研究内部和研究之间的平均相关系数时排除了概念上和统计上的异常值——根据概念标准或统计标准，这些相关系数与集合中的其他相关系数差异非常大。研究者通常会这样做是因为它们很可能涉及与元分析的核心概念无关的因素。本研究的核心概念是学校领导力。在一些情况下，这就需要排除极低的相关系数。如果我们在分析中留下这些异常值，平均相关系数将会低于报告中所得出的0.25这一数值。

造成研究结果差异的第三个原因是，本研究在学生成绩的测量和校长领导力的测量中都进行了**衰减修正**（相关讨论见第173页的技术说明8）。衰减指由于研究中使用的测量仪器精度不足而导致相关系数的减低。在本元分析案例中，一些研究使用的领导力问卷可信度极低。从定义上讲，一个信度较低的测量工具会低估领导力与学生成绩之间的相关性。例如，假设在某项研究中，领导力和学生成绩之间的真实相关性是0.30。然而，该研究用以评估校长领导力的问卷信度却为0.64。衰减理论告诉我们，真实相关系数的数值应当乘以一个因数，该因数等于信度的平方根。0.64的平方根是0.80。因此，在这个研究例子中，相关性将被计算为0.24（0.80×0.30），而不是真正的相关系数0.30。换言之，该研究例子中计算的相关系数比真实相关系数低0.06。

总而言之，我们计算所得的平均相关系数为0.25，是在以下条件下对校长领导行为与学校学生总体成绩之间的关系得出的估值：学校都来自美国或与美国有相似文化的国家或地区；领导行为的评分是使用多组测量相同概念的相关系数计算得出的；领导行为分数和学生成绩因可信度不足而加以修正。

我们认为，在这些条件下计算的平均相关系数是对校长领导力与学生成绩之间关系的一个更为合理的估计——如果不是由于以上提及的统计原因，那么就是由于缺乏替代方案的表面效度。举例说明，假设维茨耶斯和他的同事在研究中发现的相关系数为0.02。如果这代表了校长领导行为与学生成绩之间的真实关系，那么教育者就必须接受这样的结论，即某所学校校长的领导行为对该校学生的成绩几乎没有影响。如果校长提供强有力的指导和支持，学生在学校的成绩将与校长没有提供指导和支持时一样。这一结论违背常识，也与美国成千上万校长的经历不符。许多校长都对学生的进步产生了巨大的影响。

更为深入的探究

我们在第1章中提醒过读者，不要过分强调元分析中计算的平均相关系数。具体来讲，现代元分析的公认创始人吉恩·格拉斯告诫我们："元分析的结果永远不会是平均的；它应该是一个图形。"我们根据格拉斯的建议制作了图3.3，该图是我们元分析中相关系数的条形图。

该图描述了我们元分析中的研究得出的各种相关系数。从某个角度来

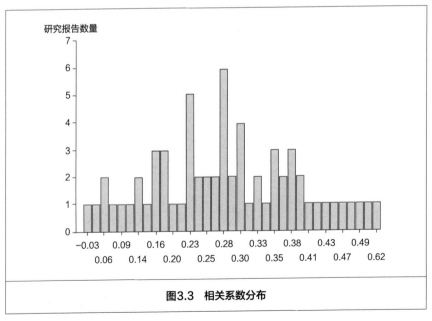

图3.3　相关系数分布

注：异常值已排除。见第173页技术说明8。

讲，每一个相关系数都是对校长总体领导行为和学生成绩之间"真正关系"的单独估计。也就是说，每项研究都假设或希望所调研的校长和学校能代表全国的校长和学校（这一概念的讨论见第175页技术说明9）。如果我们考虑图3.3中的极端估值，我们在学校领导力的影响方面可以得出非常不同的观点。举例说明，考虑图中的正相关性最大值0.62。如果这代表了学校领导力与学生成绩之间的真实关系，则意味着如果领导行为从第50百分位**提升**到第84百分位，学生成绩会从第50百分位**提高**到第73百分位。但是现在让我们考虑负相关极值–0.03。如果这代表了学校领导力与学生成绩之间的真实关系，则意味着如果领导行为从第50百分位**提升**到第84百分位，学生成绩会从第50百分位**下降**到第49百分位。

一个合乎逻辑的问题是，针对同一问题的研究得出的结论为何大相径庭？同样，格拉斯也对此做出了解释。他认为，回答这个问题应当是元分析的主要目的。具体而言，亨特在其关于元分析的著作《科学如何评估》中，引用格拉斯的话作为评论：

> 我一直在思考元分析实际上是什么——或者更为确切地说，它应当是什么。它不是单一的数字总和，例如"这就是心理治疗的效果"，而是一系列的研究结果。这些结果可以展示随着各种其他条件的变化，治疗和结果之间的关系会怎样改变，例如患者的年龄、患者的病症、治疗师培训、治疗后多长时间来测量变化，等等。这就是我们真正想要得到的——所有这些变化和转变的总体描述，是复杂的全景而非单一的中心点。这将是我们能够做出的最佳贡献。

不同研究发现的领导行为对学生成绩的影响为何有所不同？具体来讲，

对这一问题的回答也被称为寻找调节变量——寻找能够影响学校领导力与学生成绩之间关系的变量。那么，哪些潜在变量可以解释图3.3中描述的结果差异呢？我们考虑了多个调节变量的影响。相关讨论见技术说明10（第175页）。这里我们仅讨论其中的两个。

其一是本元分析中涉及的研究报告的质量。我们对每项研究的质量进行了高、中或低评级。这使得我们能够确定研究方法的质量是否可以解释报告中相关性的一些差异。技术说明10阐述了这个调节变量相关的完整结论。表3.2总结了这些结果的要点。

如表3.2所示，研究方法质量评分最高的研究，在校长领导力和学生成绩之间得出的平均相关系数最大，评分最低的研究得出的平均相关系数最低。尽管从这些研究结果中不能得出硬性结论，但表3.2确实提供了一些证据，证明我们在校长领导力和学生成绩之间发现的相对较强的平均相关性，很可能不是研究设计不当的产物。事实上，从表面上看，表3.2表明，研究设计越严谨，相关性就越高，以更精准的方式衡量、定义领导力等的研究会发现领导力和学生成绩之间的联系更强。

表3.2 研究质量			
质量	平均相关系数	研究数量	学校数量
高	0.31	22	820
中	0.23	28	1212
低	0.17	14	567

注：由于我们在分析中排除了异常值，本表中报告的研究总数为64，而不是69，学校总数为2599，而不是2802。关于我们如何识别异常值的解释见技术说明7。

研究聚焦的学校级别	平均相关系数	研究数量	学校数量
小学	0.29	36	1175
中学/初中	0.24	6	323
高中	0.26	9	325
幼儿园至8年级	0.15	7	277
幼儿园至12年级	0.16	6	499

表3.3　学校级别

注：由于我们在分析中排除了异常值，本表中报告的研究总数为64，而不是69，学校总数为2599，而不是2802。关于我们如何识别异常值的解释见技术说明7。

其二是研究中包含的学校级别。领导力与学生成绩之间的关系很有可能在不同的年级之间差异巨大。有关此变量的结果如表3.3所示。

同样，从表3.3中不能得出硬性结论。但是，从表面上看，从小学到中学/初中到高中，校长领导力的影响差别不大。虽然这3个教育级别的相关系数并不完全相等，但从统计学角度来看，这些数值或许会因为过于相近而不会被认为"不同"。以此为前提，有趣的是，包含幼儿园至8年级和幼儿园至12年级的研究得出的平均相关系数比那些聚焦特定年级的研究要低一些。我们没有发现这些研究得出较低相关性的确切原因。也许其广度削弱了它们准确测量校长领导力、学生成绩或前述两者的能力。然而，这仅仅是推测。

总而言之，我们考察了8个调节变量对校长领导力与学生成绩相关性大小的影响。技术说明10说明了我们对所有8个调节变量的研究结果，并讨论了我们的分析能够得出和不能得出的结论。但就总体情况来看，我们对调节变量的分析并没有为校长领导力与学生成绩之间的相关性差异提供任何明确的解释。然而，另一个调查领域却做出了确切的解释。该调查领域涉及某些具体的领导行为类型。我们将在第4章予以探讨。

小结和结论

从广义上讲，我们的元分析显示，校长可以对学生的在校成绩产生深远的影响。我们还发现，本元分析中所包含的研究在校长领导力与学生成绩之间得出的相关系数并不相同——有些系数很大，且呈正相关，有些则很小，并呈负相关。我们试图使用诸如研究质量和学校级别等调节变量来解释这些差异，但未能做出任何直接解释。

PART 2

第二部分

实际应用

第4章

学校管理的21项责任

在我们的元分析中，0.25的平均相关性是根据非常笼统的术语来定义的校长领导力。然而，学校领导力领域的研究者和理论家曾告诫称，这种概括性描述实际上并不能告诉我们太多信息。比如，温普伯格、泰德利和斯特林菲尔德曾表示，对校长领导力的研究不仅要关注行为的一般特征，比如"具有远见"，而且还要判断影响学生成绩的具体行为。因此，我们通过查阅元分析中的69项研究，尝试寻找与校长领导力相关的具体行为，最终确定了21项我们称之为"责任"的行为，以及它们与学生成绩的相关性，详见第049页表4.1。

在第2章中，我们对各种理论和理论家的综述表明这21项责任并非领导力文献中的新发现，虽然其他研究者可能以不同的名字对其命名。事实上，正如我们在第2章中提到的，科顿提出的25项责任与我们的非常相似（二者之比较详见附录）。从很大程度上来说，我们的发现证实了领导力理论家数十年来秉持的观点。不过，我们的21项责任为丰富学校领导力的本质提供了一些新见解。下面，我们简要介绍各项责任。

表4.1　21项责任及其与学生学业成绩的相关性（r）

责任	校长做……的程度	相关性平均值	95%置信区间	研究数量	学校数量
1.肯定	认可和赞美学校成就以及承认失败	0.19	0.08至0.29	6	332
2.推动变革	愿意挑战，并积极挑战现状	0.25	0.16至0.34	6	466
3.权变奖励	对个人成就的认可和奖励	0.24	0.15至0.32	9	465
4.沟通	与教师和学生之间建立强有力的沟通渠道	0.23	0.12至0.33	11	299
5.文化	培养共同信念，培养社区和合作意识	0.25	0.18至0.31	15	819
6.纪律	使教师避免会减损其教学时间或注意力的问题和影响	0.27	0.18至0.35	12	437
7.灵活	根据当前形势需要调整领导力行为，并能接受异议	0.28	0.16至0.39	6	277
8.专注	制定明确的目标，并使之成为学校关注的重点	0.24	0.19至0.29	44	1619
9.理想/信念	以强有力的办学理想和信念进行沟通和运作	0.22	0.14至0.30	7	513
10.集思广益	让教师参与重要决策和政策的规划及实施	0.25	0.18至0.32	16	669
11.智力激励	确保教职工了解有效教育的最新理论和实践，并使相关讨论成为学校文化的一部分	0.24	0.13至0.34	4	302
12.参与课程、教学和评估	直接参与课程、教学和评估实践的设计和实施	0.20	0.14至0.27	23	826
13.了解课程、教学和评估	了解课程、教学和评估实践	0.25	0.15至0.34	10	368

责任	校长做……的程度	相关性平均值	95%置信区间	研究数量	学校数量
14.监督/评估	监督学校实践对学生成绩的影响	0.27	0.22至0.32	31	1129
15.优化	激发并引领新的有挑战性的创新	0.20	0.13至0.27	17	724
16.秩序	建立标准操作原则和惯例	0.25	0.16至0.33	17	456
17.外联	向所有利益相关者宣传学校，做学校的代言人	0.27	0.18至0.35	14	478
18.关系	表现出关心教职工的个人生活	0.18	0.09至0.26	11	505
19.资源	为教师提供必要的资料和职业发展机会，助其成功履行职责	0.25	0.17至0.32	17	571
20.态势感知	意识到学校运作的细节和潜在发展，并利用这些信息解决当前及可能出现的问题	0.33	0.11至0.51	5	91
21.可见	与教师和学生有高质量的接触和互动	0.20	0.11至0.28	13	477

注：95%置信区间代表相关性的区间。在此区间内，人们可以95%确定真实的相关性下降（详见技术说明9，第175页）。研究数量表示分析某项责任的研究的数量。学校数量表示参与平均相关度计算的学校数量。

1. 肯定

"肯定"指领导者认可和赞美学校成就以及承认失败的程度。这与第2章提到的交易型领导力的某些行为有关，也与柯林斯在从"优秀到卓越"的企业研究中确定的许多领导力行为有关。

这一责任的核心是公平且诚实地看待学校的成功和失败。科特雷尔解释道，学校管理人员面临的最大挑战之一是直接应对积极表现和消极表现的问题。认可积极表现较为容易，承认消极表现却着实困难。他指出，一所普通学校的教职工队伍中有30%的超级明星、50%的平凡明星和20%的陨落明星。他进而解释道，人们会很自然地认可超级明星的优秀表现，同时也会忽视陨落明星的不良表现。然而，这两种情况均需加以明确处理。他指出，"你完全忽视教职工的表现，并期望那些超级明星能长期为学校服务而不跳槽"。在一份关于领导问责研究的总结中，拉什韦从问责制的角度表达了对该问题的看法："对许多人来说，'问责'仅仅意味着给出结果。"他补充道，在这个满是标准的时代，问责应包括以结果为依据的后果，无论是积极的还是消极的。

在我们的元分析中，与此责任相关的具体行为和特征如下：

- 系统且公正地认可和赞美学生的成就
- 系统且公正地认可和赞美教师的成就
- 系统且公正地承认整个学校的失败之处

例如，当校长承认某群学生或整个学校的成绩在州立考试中提高了5个百分点，就是在履行"肯定"责任。当校长在教职工会议上宣布社会研究学院的一篇文章得到录用，发表在了专业期刊上，便体现了"肯定"责任。当校长向全体教职工宣布第三季度他们没有达到减少学生转介的既定目标，也是履行该责任的体现。

2. 推动变革

对于学校（或任何其他复杂的组织）来说，仅仅因为其历史地位，就将某些惯例保留下来，几年甚至几十年来一成不变，这种做法并不稀奇。相比之下，"推动变革"责任指领导者挑战现状的倾向。该责任的许多特点与第2章中变革型领导力的讨论非常吻合。它是全面质量管理（TQM）的典型特征之一。"推动变革"责任的基础是领导者愿意暂时打破学校的平衡。富兰解释称，有效的领导者能够"以一种接近预期结果的方式'打扰'他们（教职工）"。他进一步指出，变革推动者并没有"生活得很平和，而是……他们可以应对更多的不确定性和冲突，并且更善于以激励而非消耗组织成员的方式来解决复杂的问题"。

斯林斯、马尔福德和扎金斯从不同的角度分析了"推动变革"责任。他们指出，有效的变革推动者是会"保护敢于冒险的人"的领导者。他们进一步解释称，有效的领导力包括"员工觉得有权做决定，并可自由进行试验和冒险的程度"。最后，克拉克指出：

> 将学校的成功改进看作是与争议性难题共处的能力，是为持续改革做好准备的更现实、更利于发展的方式。这种运作方式也意味着承认冲突是实现良好改革、打造健康学习环境的必要动力。

在我们的元分析中，与此责任相关的具体行为和特征如下：
- 有意识地挑战现状
- 愿意领导结果不确定的变革举措
- 系统考虑更好的办事新方法
- 始终尝试在学校能力的边缘而非中心运作

例如，当学校领导提出这样一个问题：我们的家庭作业政策真的有助于学生学习，还是在间接惩罚那些在家里得不到太多帮助的学生？这便是在履行"推动变革"责任。当学校领导承诺实施一个至少为期两年的新阅读计划，使之有足够的时间产生效果，便展示了"推动变革"责任。当学校领导对全体教职工说："也许我们过得太自在了，我们还能做哪些尚未做的事呢？"，便体现了"推动变革"责任。

3. 权变奖励

"权变奖励"指学校领导对个人成就的认可和奖励的程度。在第2章中，我们将这种行为认定为交易型领导力的一个典型特征。人们可能会认为，认可个人成就是学校里的标准操作程序。然而，在K–12教育中，对教师个体进行表彰和奖励似乎并不多见。具体来说，有些人认为K–12教育的"平等主义"文化，即无论能力如何，都须认为人人平等的文化，不利于该责任的实施。

虽然存在这种倾向，但依然有很多论述强调了权变奖励在学校中的重要性。楠纳利、惠利、马尔和霍特认为，"行政领导者必须积极主动地认可员工的不同能力"。白金汉和克利夫顿指出，"应该树立多种不同类型的威望，以反映组织期待的各种完美表现"。库泽斯和波斯纳强调了这样一个事实，即权变奖励向教师和管理者传达了以下信息：

> 在认可个体成就时，我们有时会迷恋仪式感。考虑了形式，却忘记了实质。认可是一种提醒；实际上，"认可"一词源于拉丁语，意思是"再次认识"。认可是向所有人宣告："我想再次提醒各位，这里什么是重要的，这便是我们所看重的。"

在我们的元分析中，与此责任相关的具体行为和特征如下：
- 将努力工作和成果作为奖励和认可的基础
- 将表现而非资历作为奖励和认可的主要标准

例如，校长特别表扬了一位老师，上个月他额外花时间辅导了阅读理解分数低于年级水平的学生，这时校长便在践行"权变奖励"责任。校长奖励所教学生取得巨大进步的教师，让他们去参加当地有关最佳实践的会议，也是在履行"权变奖励"责任。

4. 沟通

"沟通"指学校领导与教师和学生之间建立强有力沟通渠道的程度。这个责任似乎不言自明——在为了共同目标紧密合作的过程中，良好的沟通是关键。我们在第2章也提及了该责任，同时也介绍了教学领导力、全面质量管理（TQM）以及本章提及的几乎所有理论家都推崇的领导力理论。斯克里布纳、科克雷尔、科克雷尔和瓦伦丁认为，有效的沟通可能被视为是将其他领导责任维系在一起的黏合剂。有人可能会说，有效的沟通是领导力在大多数方面的隐性或显性特征。埃尔莫尔、富兰、利思伍德和里尔也表达了类似观点。

在我们的元分析中，与此责任相关的具体行为和特征如下：

- 为教师相互沟通建立有效方式

- 能够很容易地接触到教师

- 对员工保持开放和有效的沟通渠道

例如，学校领导组织并主持非正式的双周课后讨论会，教师们可以在会上讨论他们关心的问题，此时领导便是在践行"沟通"责任。学校领导开始做月度简报，分发给所有教职工，其中描述了已经做出或正在考虑的重大决定，这也体现了"沟通"责任。

5. 文化

很显然，每所学校都有自己的文化。汉森解释道：

> 学校也有自己独特的文化，由特定的价值观、信念和情感综合塑造而成。在各学校朝着特定方向建立知识基础的过程中，学校文化强调了哪些东西最为重要，比如培养优秀的足球队、在SAT考试中获得高分、打造纪律严明的教室和熟练的汽车技工，或把内陆城市学校的孩子送进大学。虽然学校文化无法用肉眼看见，但是相关产物和符号反映出特定的文化优先项。

正如"沟通"责任，第2章谈到的每位理论家推崇的各项原则和理论几乎也都或明或暗地提到了"文化"责任。虽然文化是人们在朝夕相处的工作中形成的副产品，但是它可以对学校有效性产生积极或消极影响。有效的领导者会打造可以对教师产生积极影响，教师进而对学生产生积极影响的文化。正如利思伍德和里尔所言：

> 领导者通过他人并同他人一起行动。有时，领导者通过语言或行动来做事，对集体的主要目标产生直接影响。但多数情况下，他们的作用是影响他人的想法和行为，制定能让他人发挥作用的政策。

培养能够间接影响学生成绩的学校文化，是校长领导力相关文献中的一大主题。例如，斯克里布纳、科克雷尔和瓦伦丁称，在影响学生成绩方面，校长直接能做的少之又少。因此，有效的文化是领导者促进变革的主要工具。

与上述各方观点一样，我们的研究将"文化"责任定义为领导者培养员工共同信念，以及使其形成共同体和合作意识的程度。在我们的元分析中，与此责任相关的具体行为如下：

- 提升员工之间的凝聚力
- 提高员工的幸福感
- 提升员工对共同目标的理解
- 制定学校未来发展的共同愿景

例如，校长在教职工会议上提出并表扬教师合作的情况，便是在履行"文化"责任。校长和教职工就学校的基本宗旨和使命展开深入讨论，也是在践行"文化"责任。

6. 纪律

校长的重要任务之一是保护教师不受过度干扰。这是教学领导力研究的共识，许多理论家都曾直接或间接地谈及这一点。埃尔莫尔称，"学校领导的聘用和留任主要依据他们做出缓冲，保护教师不受外界干扰的能力"。他进而指出，"缓冲包括围绕教学技术核心建立相关的结构和程序"。埃尔莫尔所说的结构和程序指的是保护教学时间的结构和程序。具体来说，"领导者的作用是让非教学问题让路，防止它们在学校系统、学校和教室中制造混乱和干扰"。扬斯和金也强调了为教师提供保障和庇护的重要性。谈及一位非常成功的校长时，他们解释说，"她使学校免受学区颁布的各项新措施的潜在负面影响"。

"缓冲"和"保护"行为结合在一起，便构成了"纪律"责任。具体来说，"纪律"意味着使教师避免会减损其教学时间或注意力的问题及其造成的影响。相比"缓冲"或"保护"，我们更倾向于使用"纪律"一词，因为这项责任可能是学校处理"教学"这一主要工作的自然结果。

在我们的元分析中，与此责任相关的具体行为和特征如下：

- 保护教学时间不受干扰
- 保护教师免受内部和外部干扰

例如，学校领导建立并执行了一项在教学期间不得发布任何公告的政策，这便是履行"纪律"责任。学校领导在应对当地媒体时不牵扯教师个人，也是在践行"纪律"责任。

7. 灵活

"灵活"指领导者根据当前形势需要调整领导力行为，并能接受异议的程度。与该责任有关的理论包括变革型领导力，以及本尼斯、柯林斯和斯皮兰的理论。富兰就"灵活"做了如下解释：

> 采用同时依次结合各种元素的不同领导策略之建议看似复杂，但是通过在不同情境、不同时间下累积的见解和智慧，培养对变革过程的深入感受，这可能终将是我们能做的最有用的事……

迪林、迪尔茨和罗素将此责任描述为"心智敏锐度"。拉什韦则强调要接受不同意见。他指出，有效的领导者"鼓励和培养个人的主动性……领导者必须保护和鼓励那些持有不同观点的参与者发声"。

在我们的元分析中，与此责任相关的具体行为和特征如下：

- 根据特定情形的需要，调整领导风格

- 根据需要采取指导性或非指导性的方式
- 鼓励人们表达不同和相反的观点
- 乐于在处事方式上做出重大改变

例如，校长决定必须直接干预数学系做出的决定，因为该决定将对其他教职工产生消极影响，便体现了"灵活"责任。校长决定不对新教材的选用问题发表意见，让教师对此拥有决定权，也是在践行"灵活"责任。

8. 专注

研究人员和理论家表达的一个共同观点是，学校非常愿意尝试新事物，甚至可以说对此十分热衷。埃尔莫尔称，"美国学校的病症在于他们知道如何推行变革。他们不加选择、行动迅速，却不懂如何提升自我，如何为实现目标而持续不断地前进"。富兰对此深表赞同，他指出，"公共教育的主要问题不是抵制变革，而是创新过度。并且这些创新过于零散、未加鉴别、敷衍了事"。有效的学校领导者会确保变革拥有具体且明确的目标。

有鉴于此，"专注"责任指的是领导者制定明确的目标，并使之成为学校的关注重点。有效履行这一责任，可以防止将大量精力和资源浪费在毫无成效的措施上。正如利思伍德和里尔所言，"领导力关乎目标和方向。领导者知道学校的努力方向，明确且坚定地追求目标，并对其结果负责"。

在我们的元分析中，与此责任相关的具体行为和特征如下：

- 为校内课程、教学和评估实践制定具体目标
- 为学校的整体运作制定具体目标
- 制定高远且具体的目标，提出所有学生均可实现的期望
- 持续关注既定目标

例如，学校领导及职工设定目标，计划到年底，所有学科领域的课程与州立标准和州立考试一致，这便是履行"专注"责任。学校领导及教职工制定目标，计划到今年年底，65%的学生的数学成绩达到标准或以上，这也体现了"专注"责任。学校领导在教职工会议上重申学校的办学目标，也展现了"专注"责任。

9. 理想 / 信念

可以这么说，当人类以强大的理想和信念行事时，他们会处于最佳状态。迪布里解释道：

> 信念与亲密关系相联系。信念源自政策、标准或惯例。没有信念的实践行动是孤独的。那些没有信念，只懂方法论和量化指标的管理者是现代的宦官。他们永远无法释放能力、树立自信心。

本尼斯将表述明确的理想和信念视为有效领导力的核心。扬斯和金认为，信念是校长用来实行变革的一种微妙而强大的力量。他们解释称，"校长塑造学校环境和教学实践的一个重要途径便是信念"。科特雷尔赞同本尼斯的观点，向领导者提出了以下建议："把诚实正直当作你最宝贵的管理资产加以捍卫。"

在我们的元分析中，与此责任相关的具体行为和特征如下：

• 对学校、教学和学习有明确的信念

• 与员工分享关于学校、教学和学习的信念

• 表现出与信念一致的行为

例如，校长在新学年伊始写了一份信念说明，并将其分发给全体教职工，表明学校必须要特别关注教育背景欠佳的学生，这便是在履行"理想/信念"责任。校长解释了他依据"学业成绩并非衡量学校成功的唯一标准"这一理念做出的决定，这也体现了"理想/信念"责任。

10. 集思广益

"集思广益"指学校领导让教师参与重大决策和重要政策的制定及实施的程度。该责任与变革型领导力、全面质量管理和教育型领导力有关。斯林斯、马尔福德和扎金斯证明了该责任的重要性。他们指出，学校的有效性与"教师对学校运作各方面的参与程度（包括学校政策的制定与审查），有共同方向感的程度，以及对更为广泛的学校社区的认可度"成正比。他们进一步解释说，有效的领导力是"校长努力让全体教职工达成共识，并将这些优先事项和办学目标传达给学生和教职工，让他们形成整体目标感"。迪布里将该责任称为"参与式管理"。

> 每个人都有权利和义务影响决策制定并知晓实施结果。参与式管理确保决策制定不是武断的、秘密谋划的或不容质疑的。参与式管理并非民主管理。发言权不同于投票权。

科特雷尔还提醒人们不重视这一责任的后果：

> 他们（校长）忘记了花时间去倾听民意。很快，他们对团队中的个体需求和愿望不再敏感。傲慢自大、失控的自我以及有失敏感是管理工作中的陷阱。不要让自己落入这个陷阱——一定要博采众议！

在我们的元分析中，与此责任相关的具体行为和特征如下：

- 广开言路，让教职工参与制定学校的各项政策
- 让教职工有机会参与所有重大决策
- 制定决策时充分发挥领导团队的作用

例如，学校领导在办公室外设立"意见箱"，教职工可以把实名和匿名提出的意见书放入箱子。校长阅读所有意见书，并在教职工会议上讨论相关主题，这体现了"集思广益"责任。学校领导和教职工分享某个重要话题的信息，并征求他们的意见，这便是在履行"集思广益"责任。

11. 智力激励

"智力激励"指学校领导确保教职工了解有效教育的最新理论和实践的程度，并使这些对理论和实践的讨论成为学校文化的一部分。斯普维兹将这个特征称为领导者让员工参与针对研究和理论的有意义讨论。拉什韦回顾了领导问责的相关研究，将"智力激励"责任和变革过程联系了起来。他解释道："深度变革需要深度学习，领导者必须将教师学习纳入学校生活的日常架构中。"富兰从"知识积累、知识共享、知识创造和知识管理"的需要出发描述了这一责任。最后，卡根和马克尔解释道：

> 教育场景中有许多不同角色的扮演者，然鲜少有人能够探讨教育问题。只要花些时间和资源对这些问题进行团队开发，似乎就能获得不错的回报。目前的呈现方式依旧是单一且封闭的，若能进行开放的集体反思，便会激发强大的创新意愿和创新能力。

在我们的元分析中，与此责任相关的具体行为和特征如下：

- 让教职工不断接触有效教育的最新相关研究和理论
- 持续关注当前有效教育的研究和理论
- 鼓励对当前有效教育研究和理论的系统讨论

例如，学校正在考虑打造新的阅读项目，整合全语言阅读方法和以语音为基础的阅读方法，因此校长成立读书小组，研究这两种方法的不同理念，这便是在履行"智力激励"责任。又如，校长邀请一位演讲者前来分析经济趋势，以及这些趋势对就业市场的影响，随后以此演讲为起点，进一步讨论学校应该如何为学生的未来发展做好准备，这也体现了"智力激励"责任。

12. 参与课程、教学和评估

这项责任指校长在课堂层面对课程、教学和评估活动的设计和实施的直接参与度。几十年来，这种亲力亲为的支持一直是学校领导力相关讨论的主要内容。与"可见"责任一样（稍后讨论），"参与课程、教学和评估"被视为是教学领导力概念的关键。

斯坦和达米科指出学科知识和教学法对管理者和对教师而言同等重要，证实了该责任的重要性。根据对领导力的综合研究，美国国家教育管理、财政、政策制定以及管理研究院的研究人员指出，管理者对课堂实践的投入能力和意愿是教师最为重视的特征之一。在同一份简报中，作者指出，在西北部某大型学区，学监和校长都定期参观教室，目的是学习鉴别和讲述良好的教学方式，从而向教师提供更好的教学反馈。与这一责任相关，里夫斯强调了校长在评估实践中的参与。他说，在一所高效的学校里：

校长亲自评估学生的功课，并参与合作打分环节，衡量并公布教学人员评分的占比。校长会亲自审查教学人员的评估结果，将其作为每次教师评估和指导会议的一部分。

在我们的元分析中，与此责任相关的具体行为和特征如下：

- 直接协助教师设计课程活动
- 直接协助教师解决评估问题
- 直接协助教师解决教学问题

例如，学校领导定期与教师会面，审查季度末考试的实施情况，看是否可以改进，这体现了"参与课程、教学和评估"责任。又如，学校领导与科学部门成员开会讨论如何确保必修的科学课程能应对州立考试中科学部分的考试内容，也是在履行"参与课程、教学和评估"责任。

13. 了解课程、教学和评估

"参与课程、教学和评估"涉及课堂实践的方法，而"了解课程、教学和评估"则涉及领导者对这些领域内最佳实践的了解程度。后者的重点是相关知识的获取和发展，而前者则是以行动为导向的。富兰证明了该责任的重要性。他解释说，校长对课程、教学和评估等方面有效实践的了解，对于指导教师完成日常教学工作很有必要。埃尔莫尔补充道，"领导力可以引导教学提升，为其指明方向"。为此，校长必须要学习最佳的实践。里夫斯也认为，关于最佳实践的广泛知识基础对指导教师而言十分必要。富兰也因此提出建议，想要打好广泛的知识基础，校长每个月要同其他管理人员会面，了解课程、教学和评估的最新进展。

一些人认为，这项看起来直接明了的责任在实践中却很少受到重视。比如，在1999年的一份政策简报中，美国国家教育管理、财政、政策制定以及管理研究院的研究人员指出，"选聘校长的过程中通常很少强调教学知识"。研究人员注意到，在描述关于校长面试协议的研究结果时，研究人员指出，"在面试的其他阶段表现良好的候选人无法准确描述出他们观摩过的课程"。

在我们的元分析中，与此责任相关的具体行为和特征如下：

- 拥有关于有效教学实践的广泛知识
- 拥有关于有效课程实践的广泛知识
- 拥有关于有效评估实践的广泛知识
- 为有效的课堂实践提供概念性指导

例如，校长参加探讨教学实践新研究的会议，便是在履行"了解课程、教学和评估"责任。又如，学校正在考虑采纳一项综合性改革方案，校长阅读相关的研究图书，也体现了该责任。

14. 监督/评估

海蒂根据对近8000项研究的述评得出结论："提高成绩的最有效改进就是反馈。"按照海蒂的说法，"改进教育的最简单方法就是'大量反馈'"。不过，反馈并不是自动发生的，而是一项设计出来的功能。创建一个能提供反馈的系统是"监督/评估"责任的核心。具体来说，在我们的元分析中，这项责任是指领导者根据对学生成绩的影响对学校实践有效性的监控程度。

埃尔莫尔研究了成功的学校并得出结论："主管人员和系统层面的工作人员积极监督学校的课程和教学。"另一些研究者将这项责任和评估行为相联系。比如，迪布里谈道，表现评估做得好代表着学校管理有强大的影响力。卡根和马克尔指出，在最有效的学校中，"经常性评估"是常态。

在我们的元分析中，与此责任相关的具体行为和特征如下：

- 持续监督学校课程、教学和评估实践的有效性
- 持续了解学校实践对学生成绩的影响

例如，学校领导推行标准报告单，利用报告单上的信息了解达到或超过写作标准成绩的学生人数有无增加，从而确定此目标的实现情况，这便是在履行"监督/评估"责任。又如，学校领导系统观察新科学项目的实施情况，这也体现了该项责任。

15. 优化

布拉泽和卡比对 1200 多名 K–12 教师进行了研究，认为乐观是高效的学校领导者的重要特征。他们指出，无论是好是坏，校长通常会决定一所学校的情感基调。克莱希尔解释说，有效的领导者愿意在适当的时候发挥乐观主义精神和干劲推动变革计划的实施。对克莱希尔来说，校长可以在适当的时候运用创造乐观的情感基调这一策略。卡根和马克尔认为，积极的情感基调有利于打造"想法和创新层出不穷"的环境。

有鉴于此，"优化"责任指领导者激励他人，并在实施具有挑战性的创新举措时推动他人的程度。在我们的元分析中，与此责任相关的具体行为和特征如下：

- 激励教师完成可能超出其能力范围的事情
- 推动重大举措落地
- 对教职工完成重要工作的能力表现出积极的态度

例如，校长针对教职工考虑实施的新标准报告单下发了一份研究总结，这体现了"优化"责任。又如，校长告知全体教职工，虽然理解实施标准报告单有困难、耗时，但自己会提供相应的支持和必要的资源，确保其有效实施，这也体现了"优化"责任。

16. 秩序

相对于混乱不堪的学习环境，良好的秩序对学校的益处不言而喻。就校长的领导行为而言，有秩序的学校具备哪些典型特征？又如何建立秩序呢？

任何动态环境中的秩序都是由结构创造的。环境中明确的结构会抑制某些事件，也会促成其他事件。弗里茨用以下方式解释了这种动态："一旦这个结构存在，能量就会通过阻力最小的路径在结构中移动。换句话说，能量会移动到最容易到达的地方。"我们据此在元分析中将"秩序"定义为领导者建立标准操作原则和惯例的程度。

就学校而言，楠纳利、惠利、马尔和奥特将秩序定义为学生和教师的明确边界和规则。在对大都市里成功学校的分析中，斯普维兹认为秩序是必要条件："群体需要结构为他们提供领导、时间、资源和激励，以便从事教学工作。"就标准教育而言，拉什韦解释称，"这意味着不仅要获得时间和资金，还要重塑常规政策和实践。人员配置、日程安排和其他看似平常的问题都会对学校达到新标准的能力产生重大影响"。他继续说道："日常事务会阻碍或帮助教师学习，也会就组织内的优先事项发出重要信号。"

在我们的元分析中，与此责任相关的具体行为和特征如下：

• 为学校的顺利运行确立教职工能够理解并遵守的惯例

• 向教职工提出并强化清晰的结构、规则和程序

• 向学生提出并强化清晰的结构、规则和程序

例如，学校领导建立并实施一套公平使用复印机的程序，这便是在履行"秩序"责任。又如，学校领导建立并实施一个公平的系统来监督学校食堂，也体现了该责任。

17. 外联

学校并非一座孤岛。相反，它在一个复杂的环境中运转。要想高效运转，学校就必须应对所在的复杂环境。"外联"责任指领导者向所有利益相关者宣传并为学校代言的程度。科顿肯定了这一因素的重要性，解释称校长必须有意愿和能力与学校内外的人沟通交流。本西文加和埃利亚斯补充说，有效地经营管理学校需要合作，而且这种合作必然会超越学校的边界，延伸到社区。他们注意到，科默也深有同感："养育一个孩子需要整个社区的共同努力。"他们进一步解释说，"教育领导者必须确保当地的警察、消防、社区报纸、私营和公共机构及团体，以及政府官员都参与到学校社区文化中来"。

在我们的元分析中，与此责任相关的具体行为和特征如下：
• 确保学校遵守所在学区和州的所有相关规定
• 在家长面前拥护学校
• 在中央办公室为学校代言
• 在整个社区为学校做宣传

例如，校长系统审查学区的所有规章制度，确保学校照章办学，这体现了"外联"责任。又如，校长定期向上级督导发送备忘录，详细介绍学

校的最新成就，这也体现了"外联"责任。

18. 关系

可以这么说，有效的职业关系是有效履行其他许多责任的核心。在我们的元分析中，"关系"责任指学校领导对教职工个人生活的关心程度。要培养这种责任，埃尔莫尔建议校长"更多地依赖面对面建立起来的关系，而非官僚主义的例行公事"。他进一步指出："在与问责制相关的一系列奖惩措施中，最有力的激励存在于组织内部人员之间面对面的关系，而非存在于外部系统。"富兰引用了有关情商的研究和理论，描述了学校领导和教师之间形成情感纽带的重要性，这使得职工和管理者即使身处不确定时期也能保持一致、目标坚定。

在我们的元分析中，与此责任相关的具体行为和特征如下：

- 了解教职工个人生活中的重大事件
- 了解教职工的个性化需求
- 认可教职工生活中的重大事件
- 与教职工保持良好的私人关系

例如，学校领导以学校的名义向失去亲人的教师的家人送花，这就是在履行"关系"责任。又如，学校领导努力做到每天至少向学校里的每位老师打一次招呼，并询问近况，这也体现了"关系"责任。

19. 资源

资源之于复杂的组织就如同食物之于身体。迪林、迪尔茨和罗素在学校领导力的文章中谈到，对于学校而言，重要的资源远远不止书本等物资。

他们指出：

> 要想成功，领导者需要创建足够灵活的组织，来快速应对新环境。这就需要整合不同级别的必要资源，做出分析、制订计划并采取行动，以应对未来的机遇和威胁。

富兰进一步拓展了这一概念：

> 学校能力的另一组成部分是学校获得技术资源的程度。教学的改进需要额外资源，如资料、设备、空间、时间以及获得新思想和专业知识的机会。

对于学校的有效运作，最常被提及的一个重要资源是教师的职业发展机会。埃尔莫尔说，"以有力的课堂教学为基础，就教师和校长的职业发展进行针对性强的大量投资"是学校获得成功的关键。楠纳利、惠利、马尔和奥特在讨论职业发展问题时还将职业成长计划包含在内。他们指出："校长有义务确保制订强有力的职业成长计划。"

我们的元分析同上述观点不谋而合。"资源"责任指领导者为教师提供必要的资料和职业发展机会来助力其成功履行职责的程度。在我们的元分析中，与此责任相关的具体行为和特征如下：

- 确保教师拥有必要的资料和设备
- 确保教师获得必要的发展机会，直接助力教学

例如，每个月校长都会召集各位教师开一次会，询问他们需要什么资料，这体现了"资源"责任。又如，校长就教师明确要求予以探讨的主题

召集员工发展会议，这也体现了"资源"责任。

20. 态势感知

"态势感知"指领导者对学校运作的细节和潜在发展的意识，以及利用这些信息解决当前和潜在的问题。拉什韦在领导力问责研究概要中将其描述为："深刻的变革需要了解正在发生的事情，处理日常事件时抛开自我意识，如实评估组织的状况。"迪林、迪尔茨和罗素将该责任描述为预见性领导力。他们告诫校长要识别"即将来临的机会线索以及即将出现的威胁暗示。如果真正的预见性领导力带来的开放性和敏捷的思维能够贯穿整个组织中，这个组织定能很好地生存并繁荣发展"。

在我们的元分析中，与此责任相关的具体行为和特征如下：

- 准确预测每天可能出现的问题
- 了解非正式团体和教职工之间的关系
- 了解学校中尚未出现但可能导致不和谐局面的问题

例如，学校领导研究课程表，试图找出它会给老师和学生带来的隐患时，这体现了"态势感知"责任。又如，听说部分教师对自己最近做的某个决定感到失望时，校长和这些教师进行会面，也是在履行该项责任。

21. 可见

"可见"责任指学校领导与教师、学生和家长的接触和互动的程度。正如第2章所言，该责任通常与教学领导力有关。惠特克将此责任的重要性描述为：

　　该研究指明了学校对强大教学领导力的需求，明确了有效领导者的几个共同特点。其中一个特点在学校生活中极为重要，但经常被忽视，那就是做一个大家能看得见的校长。

　　芬克和雷斯尼克补充道，有效的校长"每天都在教师的课堂上，很难分辨其是以评估为目的，还是为提供专业支持而听课"。布拉泽等对这些评论表示赞同，他们认为，高效的校长平时都会待在课堂上。"可见"责任有两重功效：首先，它传达了一个信息，即校长对学校的日常运作感兴趣并参与其中；其次，这也给校长提供了在解决实际问题上与师生进行互动的机会。

　　在我们的元分析中，与此责任相关的具体行为和特征如下：

- 系统且频繁地走访课堂
- 与学生频繁接触
- 对学生、老师和家长而言高度可见

　　例如，校长尽量经常参加学校的足球、篮球和棒球比赛，这体现了"可见"责任。又如，校长每天都去教室，询问老师和学生的情况，这也体现了该项责任。

各项责任的相对影响程度

　　须再次强调的是，我们的元分析中确定的21项责任在领导力文献中并非首创。许多研究者和理论家都曾或明确或隐晦地提到过各项责任。事实上，我们将这些行为称为责任，因为它们是（或至少应该是）有效校长的标准工作程序。也许这一系列行为解释了为什么成为一名有效的学校领导如此之困难。领导者必须掌握各种各样的技能，这一点着实令人生畏。

我们的创新之处在于对每种责任与学生学业成绩的关系进行了量化处理。第049—050页表4.1第三列中，每项责任的量化关系被称为相关性。这些相关性值得关注。不过，表4.1中最重要的信息可能是第四列中的95%置信区间。技术说明9（第175页）详细讨论了置信区间。我们在此需简单指出，不含值0.00的置信区间表明相关性在0.05水平上是显著的。从第1章的讨论中可以看出，若研究者称其研究结果在0.05水平上是显著的，则意味着如果调查变量之间没有实实在在的关系，那么报告结果的发生概率可能只有5%，甚至更低（这里，调查变量为学生学业成绩和21项领导责任）。表4.1表明我们提出的21项责任和学生成绩具有显著的统计学关系。

我们能够提出一套基于研究的能力（责任），这在美国领导力研究史上或许尚属首次。我们相信，这是对学校领导力研究基础的重要补充。

需要强调的是，在前面的讨论中，我们按字母顺序列出了21项责任。这样做是为了传达一个信息：它们都很重要。事实上，正如下一章所示，当从不同角度看这些责任时，它们的排序会发生变化。我们按照与学生成绩关系的强弱进行排列时，就会出现一些有趣的模式。表4.2便论证了这点。我们再次提醒，用死板的方式解读表4.2中的排序是不可取的。比如，根据表4.2中两项责任的相对位置得出"态势感知"最重要、"关系"最不重要的结论，显然是不明智的。

表4.2中最引人注目的可能是相关性大小是如此地接近。21个相关性中有20个（95%）都在0.18到0.28之间。具体来看，"关系"责任的相关性为0.18，"灵活"责任的相关性为0.28。利用第1章中的相关性解释来对比这些极端数据，可以提供一个有用的视角。0.18的相关性表明，校长在"关系"方面的有效性从第50百分位上升到第84百分位，与学校成绩从第50百分

位上升到第57百分位是相关的。校长在"灵活"方面的有效性从第50百分位上升到第84百分位，与学校成绩从第50百分位上升到第61百分位是相关的。虽然它们的相对影响不同，但"关系"和"灵活"责任对学生成绩显然有很大影响。

"态势感知"责任的相关性最大，故此加以解读。如上文所言，"态势感知"指领导者对学校运作的细节和潜在发展的意识，以及利用这些信息解决当前和未来的问题。根据表4.1，该责任的相关性涉及的学校数量最少（91所），相关研究总数排名为倒数第二（5项）。如果能再找到几项涉及更多学校的研究，0.33的相关性可能会大大缩减。然而，不难理解的是，学校领导必须了解学校内部运作的具体细节，才

表4.2　21项责任与学生学业成绩相关性的排序	
与成绩的相关性	责任
0.33	态势感知
0.32	
0.31	
0.30	
0.29	
0.28	灵活
0.27	纪律 外联 监督/评估
0.26	
0.25	文化 秩序 资源 了解课程、教学和评估 集思广益 推动变革
0.24	专注 权变奖励 智力激励
0.23	沟通
0.22	理想/信念
0.21	
0.20	参与课程、教学和评估 可见 优化
0.19	肯定
0.18	关系

能发挥作用。一个人对组织的内部运作了解得越多，他就越有能力领导和管理这个组织。

小结和结论

　　我们的元分析定义了21项领导责任。虽然有关各项责任的研究业已开展了几十年，但正如我们的元分析中提到的，它们与学生成绩之间具有重要的统计学联系，这是对相关研究和理论文献新的重要补充。我们的研究结果表明，这些责任对学校领导力的有效实施举足轻重。

第 5 章

两级变革

虽然第4章描述的21项责任就其本身而言很有价值，却未能解释这些责任之间是如何相互联系的。例如，"关系"可能与"沟通"有关，而"沟通"可能与"文化"有关，等等。这看上去合乎逻辑。为了解答这一关联性问题，我们专门设计了一份问卷调查用以衡量与21项责任相关的校长行为，并基于调查结果做出因子分析。技术说明11（见第184页）记录了因子分析的具体细节和问卷调查的详细内容。简而言之，因子分析发现了一些显性特征中常见的潜在特质（因素）。在此，显性特征即21项领导责任。

因子分析的主要发现是，两个特质或因素大体构成了21项责任的基础。这两个因素是一级变革和二级变革。

一级变革和二级变革

K–12教育不曾改变的一点是，总有人一直在尝试改变它——总有人不断地提出新项目或是新做法。这些项目和做法多经过深思熟虑且阐释清晰，甚至经过深入的研究。但是，很多甚至是绝大部分教育创新持续的时间都不长。库班翔实记载了一些几乎无懈可击的创新活动，并记录了它们的结局。程序化教学、开放式教育、分组教学和弹性课程表等备受关注的创新未能持续很久。

库班等人提出，为何这些创新会失败？我们的因子分析提供了一个可能且似乎合理的解释。具体来说，因子分析（和集体经验）表明，创新意味着变革，其数量级必须和创新所需的领导力相一致。如果领导才能和创新所需的变革数量级不相匹配，无论有何优点，创新实践大概率会以失败告终。有些创新需要循序渐进地开展细微的变革；其他的创新则需要做出大刀阔斧的重大改变。为了便于解释，我们将这两种变革分别简称为一级变革和二级变革。

一级变革是逐渐发生的。它可被看作一个学校或学区所做的下一个最明显的选择。二级变革则绝非循序渐进。不管是在发现问题上还是寻找解决方法上，它都和预期相去甚远。我们在其他出版物中运用"逐步变革"和"深度变革"的不同来描述一级变革和二级变革之间的差异。逐步变革通过一系列根本上不违背旧有系统的小步骤来实现系统微调。深度变革则从根本上改变体系，就方向做出重大调整，并且要求采用新的方式来思考和行动。

许多理论学家已经使用其他的名称和术语讨论过这一基本二分法。例如，海费茨通过描述一类、二类和三类问题来讨论一级变革和二级变革之间的区别。他指出，一类问题指人们经过合理推测，认为采用传统方法足以解决的问题。二类问题指定义清楚但尚无明确解决方法的问题。三类问题指用当下的思考方式无法解决的问题。一类和二类问题一般需要进行一级变革，但是三类问题需要进行二级变革。

阿吉里斯和舍恩在讨论单圈学习和双圈学习时分析了一级变革和二级变革的差别。单圈学习指一个组织使用过去的成功策略处理问题。当某个策略被证实成功时，其实用性便得到巩固。反之，便会尝试其他策略，直至成功。因此，从某种意义上说，单圈学习教会我们，在不同的情况下哪一组现有的策略最为有效。现有策略无法解决某个具体问题时，便会出现双圈学习。此时，必须从不同角度将问题概念化，或者构思新的策略。因此，双圈学习可扩大组织的世界观，还能充实组织现有的策略库。

二级变革面临的困难

在面对几乎所有问题时，人们常见的反应是把它们都当作一级变革问题来加以解决。人们倾向于从经验的角度来解决新的问题，这是可以理解的。因为有些问题的确可以用已有策略加以解决。阿吉里斯和舍恩用"心理地图"解释了这种倾向。他们认为，个人或组织在应对不同情况时会形成自己的心理地图。当面对新情况时，我们会参考一张或多张心理地图。不幸的是，大部分现代生活中反复出现的问题都需要我们从第二层视角加以解决。海费茨指出：

> 然而，对于很多问题，我们还未制定出适当的解决办法。这样的例子屡见不鲜：国内和国外的贫困问题、产业竞争力、衰败的学校、药物滥用、国债、种族偏见、伦理冲突、艾滋病、环境污染，等等。没有任何组织的应对措施能明确地解决这类问题。

弗里茨解释了人们把所有情况都当作一级变革问题加以处理的倾向：

生活中常见的经验法则是，有一个关于事情应该如何运作的公式。如果学会了这个公式，人们就总是知道该做什么。从反应—响应的角度来看，这一说法极具吸引力，因为有了这样一个公式，可以假设你能够准备好并恰当地应对几乎所有情况。不幸的是，这充其量只能让人为熟悉的可预测情况做好准备。掌握这些情况的人就和一只训练有素的老鼠走迷宫差不多。另一方面，从创新的角度来看，做事的唯一的经验法则就是没有经验法则。

最后，富兰表示："当今的大问题是复杂的，充满了悖论和困境。这些问题没有一劳永逸的解决方法。"

海费茨、弗里茨和富兰的观点十分适合那些年复一年以同样的方式处理顽固问题的学校。不妨看看贫困儿童与非贫困儿童学习成绩之间的差距，这一问题存在已久，是几十年来教育改革的重点。实际上，它还是20世纪60年代中期，总统林登·约翰逊向贫困宣战时，提出要解决的问题之一。尽管受到了长达几十年的关注，但这个问题仍然存在。克拉克解释说，要想改变学校对此类问题的应对方法，我们需要找到新的思考方式：

> 我们需要新开发一种完善的语言，使其能更好地应对当前的问题并引领未来，而不是继续采用为了解决旧问题而设计的语言。

恕我直言，像克拉克这样的建议谈之不难但行之不易，原因在于开展二级变革绝非小事。事实上，二级变革太过复杂，最好不要轻率地尝试。普雷斯蒂内曾警告说，二级变革容不得犹豫。赛泽坚称，二级变革需要果断且迅速的行动："我越来越相信，那些速度缓慢、步子太小的学校最终都因进展不大而未能享受到改革的益处，反倒徒增烦恼。"

一级变革和二级变革之间的差异，加之人们自然而然地倾向于把所有变化作为一级变革加以处理，似乎为库班记载的以失败告终的创新提供了合理解释。可能这些创新代表了教育的二级变革，但采用了更适合一级变革的方式加以管理和主导。例如，库班认为开放式教育是一场失败的创新，并专门开展了研究支持自己的观点。实际上，赫奇和奥尔金的相关研究综述表明，开放式教育对学生的学习态度和学业成绩产生了积极影响，不过持续时间较为短暂。表面上，开放式教育看似意味着对学校实体结构的简单调整——开辟大型开放式空间，使各组学生同时参与不同的活动。然而，这一简单的调整需要在日程安排、教师如何准备授课指导和与他人互动、如何展示授课内容等方面做出改变。简单来说，开放式教育需要对学校管理进行二级变革。若不能意识到这一点，再加上人们倾向于把所有变化视作一级变革加以处理，可能致使创新行动的领导者做出一些不合时宜的领导行为，进而导致行动失败。

一级变革和二级变革所需的领导才能

毫无疑问，一级变革和二级变革之间的差异十分重要，对学校来说尤为如此。我们根据元分析结果提出了这一基本问题，即21项责任中，哪些责任适用于一级变革，哪些适用于二级变革？

一级变革所需的领导才能：管理学校日常工作

因子分析结果表明，对一级变革而言，全部21项责任至少在一定程度上是重要的。这与直觉相符。元分析中，很多学校在多种情况下都展现了这21项责任。然而，因子分析表明，这些责任对一级变革重要的程度有所不同。以下是因子分析结果中21项责任和一级变革的关系排名（排名计算方法见第191页技术说明12）：

1.监督/评估

2.文化

3.理想/信念

4.了解课程、教学和评估

5.参与课程、教学和评估

6.专注

7.秩序

8和9.肯定；智力激励（并列）

10. 沟通

11. 集思广益

12. 关系

13. 优化

14. 灵活

15. 资源

16. 权变奖励

17. 态势感知

18. 外联

19. 可见

20. 纪律

21. 推动变革

这一清单为一级变革的领导力研究提供了一个有趣的角度。与表4.2

（第073页）不同，它就这些责任的相对重要性提供了不同视角。我们特在此提醒读者，过度解读表4.2的排名是错误的。同样，不应将上述排名视为对排名较低的职责的轻视。推动变革、纪律、可见和其他排名较低的责任在日常管理中必须获得与监督/评估、文化、理想/信念等排名靠前的责任同等的关注。

所有责任都与一级变革有关，意味着这21项责任都应该定义学校的标准运作程序。这与本部分的标题相呼应。一级变革是学校日常运作的副产品。学校的日常工作需要修正和调整，从定义来说，这在本质上属于第一层次。因此，有效的学校领导可以将这些责任视为管理工具。图5.1重申了与具体管理行为相关的21项责任。

图5.1所列的内容实属让人望而生畏。如果学校的有效日常管理需要履行所有的责任，学校领导怎么可能做得到呢？我们在第7章对此提出了解决方案，仅在此做简要说明。我们的因子分析表明，在一学年中领导并管理学校进行常规改进和调整是一项十分复杂且涉及范围较广的任务。

二级变革所需的领导才能

我们发现，不同于一级变革，21项责任中与二级变革有关的仅有7项，即：

1.了解课程、教学和评估

2.优化

3.智力激励

4.推动变革

5.监督/评估

6.灵活

7.理想/信念

　　同样地，上述清单也是根据各项责任与二级变革之间的关系排列的。从表面上看，该清单表明，试图在二级变革中发挥领导作用的校长应重视以下内容：

管理学校包括：

1. 建立有效的监督系统，为学校课程、教学和评估的有效性，及其对学生学业成绩的影响提供反馈。（监督/评估）
2. 打造并维护学校文化，使用共同语言，交流想法，教职工遵照相应规范开展合作。（文化）
3. 按照一套清晰可见的关于学校、教学和学习的理想和信念行事。（理想/信念）
4. 寻找并更新课程、教学和评估的有效实践的研究和理论。（了解课程、教学和评估）
5. 积极帮助教师解决课堂上有关课程、教学和评估的问题。（参与课程、教学和评估）
6. 明确学生学业成就，以及课程、教学和评估的具体目标，并在学校的日常工作中不断强调这些目标。（专注）
7. 建立程序和惯例，给教职工和学生一种秩序感和可预测性。（秩序）
8. 认可并表彰学校中的个人，以及整个学校取得的正当成就。在适当的时候认识到和承认失败。（肯定）
9. 通过阅读和讨论，以最佳的方式培养员工的研究和理论知识。（智力激励）
10. 建立和培养校长对员工，员工对校长，以及员工间清晰明确的沟通方式。（沟通）
11. 建立并改善工作流程，确保教职工参与重大决策和学校政策制定。（集思广益）
12. 注重培养与教职工良好的个人关系。（关系）
13. 对学校当下所做之事和未来发展持乐观态度。（优化）
14. 欢迎并尊重各方就学校运作提出的各类意见，并根据当前情况调整领导风格。（灵活）
15. 确保教职工获得必要的资源、支持和职业发展机会，使其有效地开展教学和自我学习。（资源）
16. 期待并认可教职工的卓越表现。（权变奖励）
17. 敏锐感知关乎学校日常运行的机制和动态，并据此预测可能出现的问题。（态势感知）
18. 在所有利益相关方面前拥护学校，遵照所有重要法规和要求办学。（外联）
19. 经常走进教室，深入到教师、学生和家长中。（可见）
20. 保护教职工远离过多干扰和争议，以免打扰其授课和学习。（秩序）
21. 愿意打破长期存在的惯例，倡导在工作当中全力以赴。（推动变革）

图5.1　21项责任与学校的日常管理

---

1. 了解创新如何影响课程、教学和评估，并对此提供理性指导。（了解课程、教学和评估）

2. 积极推动新的改革创新，并树立这样的信念：只要教职工愿意努力，学校就能取得卓越的成绩。（优化）

3. 了解有关创新的研究和理论，并通过阅读和讨论让教职工学习这些知识。（智力激励）

4. 挑战现状，勇于创新，即使无法确保一定成功。（推动变革）

5. 持续关注创新带来的影响。（监督/评估）

6. 根据需要，为创新提供指导或不提供指导。（灵活）

7. 以与自己的理想和信念相一致的方式进行创新。（理想/信念）

上述清单从多个方面对二级变革所需的领导才能提出了深入见解。首先请注意，这些概括性表述是针对一项"创新举措"来措辞的。这是因为只有在处理具体事件或解决具体问题时，二级变革才会显现出来。二级变革不是抽象的、微妙的，不能靠嘴上功夫来实现。只是夸夸其谈，没有具体行动是十分危险的，弗里茨对此警告称：

> 该策略的使用者往往"胸怀愿景"，却忽略实际情况。这些无所事事的梦想家让真正富有远见的人背上骂名。切莫将创造者同梦想家混为一谈。梦想家只会做梦，但创造者会将梦想变成现实。只有充分认清现实、明确自己的目标，才能形成结构张力，这是创新过程中重要的一环。

其次，对二级变革具有重要意义的7项责任中，有3项责任，即监督/评估、理想/信念，以及了解课程、教学和评估，也是一级变革的重中之重。

可以说，这些责任涉及的行为对于任何层次的变革来说都是至关重要的。无论创新意味着小的改变（一级）还是大的改变（二级），校长都必须建立一个监督系统，以此识别课程、教学和评估中的有效做法和无效做法，并评估这些做法对学生学业成绩的影响。为此，校长必须具备并不断学习课程、教学和评估最佳实践方面的知识。校长必须向他人传达其强烈的理想和信念，以此作为行动之基础。但是，校长的行为必须与这些理想和信念保持一致。任何不符合这些理想和信念的行为都会或多或少地破坏改革的实施。阿吉里斯和舍恩通过引用"信奉的理论"而非"使用的理论"对此加以探讨：

> 当某人被问及在某种情况下他会如何行动时，他往往会根据自己信奉的行动理论给出答案。这就是他所效忠的行动理论，会在被问及时将其传达给他人。然而，真正主导他行为的其实是使用的理论。

阿吉里斯和舍恩进一步解释称，领导者常常信奉一套理想和信念，却用另一套理想和信念指导行动——使用的理论和信奉的理论相互矛盾。显然，这种差异会迅速侵蚀人们对领导者管理能力的信任。

最后，对二级变革具有重要意义的7项责任中，有3项责任在对一级变革之重要性上排名较低。具体来说，推动变革对于二级变革十分重要，但其对一级变革之重要性则排在最后一位。这是符合直觉的。挑战现状等行为似乎对二级变革比对一级变革来说更为合适。类似地，优化和灵活责任虽然对二级变革而言至关重要，但在对一级变革的重要性中，二者分列第十三位、第十四位。同样，这也合乎情理。重视创新的长期潜力（优化）和适应不断变化的环境的领导行为（灵活）对逐步的、可预测的一级变革来说很可能不太重要，但对摒弃旧有逻辑的跨越式发展是极其重要的。

也许我们的因子分析最能说明的问题是，一些责任会受到二级变革的负面影响。这些责任如下：

1. 文化

2. 沟通

3. 秩序

4. 集思广益

这几项责任也是按照它们同二级变革关系的强弱排列的。但是，这里所说的关系是负面的。也就是说，文化受二级变革的负面影响最为强烈，以此类推。重要的是，虽然与这些责任相关的具体行为受到二级变革的负面影响，但这不意味着学校领导者就要主动破坏这些责任，而是意味着他们在创新过程中可能需要付出一定的代价。具体来说，校长们可能需要容忍以下看法：

- 创新削弱了团队精神、合作以及共同语言。（文化）

- 创新阻碍了沟通。（沟通）

- 创新破坏了秩序和惯例。（秩序）

- 创新降低了所有教职工提出意见的意愿。（集思广益）

请注意，这些表述都是基于教职工对实施中的二级变革创新的看法。再次强调，领导者不要试图破坏任何一项责任。然而，领导者会察觉到有些教职工会认为是创新让事情变得更加糟糕。有些研究者提到过这个现象。例如，富兰指出："在寻求有目的的变革或应对未知变化的过程中，人们越是习惯于处理未知事物，越会明白在取得创新性突破之前总会经历一段时期的迷茫、困惑、探索、试验和压力，随之而来的便是一段兴奋期，会越发自信。"对于这种前后矛盾的表达，海费茨这样解释这种现象："把前后矛盾的观点纳入考量对适应性成功至关重要。"富兰进一步解释说，二级变革的实施过程有时相当混乱：

> 如果我们想用连拍照片记录正在经历巨大变革的组织，"准备、开火、瞄准"的顺序会更加有效。准备过程十分重要，必须要有方向的概念，但在足够了解变化着的现实之前，不能因为愿景、任务和策略规划而拖累这个过程。开火指的是行动和调查，关乎技能、明确性和学习能力。瞄准指明确新的信念，制定使命和愿景，重视战略计划。其中，愿景和战略计划排在信念之后。

最后，富兰补充道："那些最有成效的个人和组织并没有经历更少的问题、遇到更少的紧张情况或拥有更好的运气，他们只是用不同的方法应对它们罢了。"关于二级变革，我们的因子分析结果意义深远。在最基本的层面上，它传达的信息是，从领导的角度来看，二级变革不同寻常。为了能成功地落实二级变革的举措，学校领导者必须不断坚定理想，释放精力，提高热情。同时，也必须愿意承受一段时间的挫败，甚至是忍受一些教职工的怒火。毫无疑问，这需要付出巨大的个人代价。也正因如此，一些有望成功的教育改革最终未能提高学生的学业成绩，半途而废。在第7章中，我们提出了一些能让学校领导人开展二级变革的具体方法。

小结和结论

我们的因子分析就21项责任之间的相互作用和应用方法提供了深刻见解。当参与学校面临的日常一级变革和纠错时，学校领导者必须将全部21

项责任视为管理学校的常规加以履行。当进行与过去截然不同的二级变革时，领导者必须重视7项责任。此外，与4项责任相关的行为受到负面影响时，领导者可能不得不忍受一些教职工的看法。

第6章

做正确的工作

在我们的元分析或因子分析中，领导力的一个重要方面并不十分明显，那就是学校选择将哪些工作视为重点。美国的每所学校每年都会正式或非正式地确定年度重点工作来维持或（理想情况下）提高学生的成绩。其中许多相关决策都会演变成学校的改进计划。哈佛大学学者理查德·埃尔莫尔认为，学校如何在这些改进计划中选出核心工作是检验学校是否有能力提高学生成绩的关键因素之一。具体而言，在美国州长协会开展的一项研究中，埃尔莫尔做出如下结论：

> 知晓具体要做哪些正确的工作是学校改进的核心问题。让学校对其表现负责，取决于学校里那些有知识、技能和判断力的人来做出改善，从而提高学生的表现。

埃尔莫尔指出，美国的学校改革行动深受谎言的毒害，谎言之一便是认为改革之所以失败是因为教师和管理者不够努力："这些谎言包括相信学校失败的原因在于管理者、教师和学生等学校里的人不够努力，十分懒惰，缺乏动力，自私自利。"在埃尔莫尔看来，表现不佳的学校之所以失败，并非因为学校里的人不够努力或动力不足；相反，是因为没有决定好应该做什么工作。因此，对于表现不佳的学校，根本问题不在于让人们开始工作，而在于引导人们做"正确的工作"。

那么，学校可能涉及的工作包括哪些？哪些才是正确的工作？我们将在本章探讨解答这一问题的两种途径：（1）采用综合性学校改革（Comprehensive School Reform，CSR）模式；（2）采取因地制宜的措施。

采用综合性学校改革（CSR）模式

选择正确工作的途径之一是采取一种综合性的学校改革模式。具体而言，"综合性学校改革计划"是一项由联邦政府资助的倡议，为采用公认的综合改革模式的学校提供资金支持。这一计划旨在为表现欠佳的学校提供以研究为基础的方法来提高学生成绩。美国教育部定义了CSR模式的一系列特点。例如：

- 经科学研究证明，可以显著提高学生的学业成绩

- 可以促进高质量的专业技能提升

- 可以实现家长和社区有意义的参与

- 对学生的学习、教学和学校管理采用公认的方法

部分CSR模式是经过审核的。其中，较广为人知且经过深入研究的模式包括"直接教学""学校发展计划"和"全员成功"。

"直接教学"由西格弗里德·英格曼开发，可通过俄勒冈州尤金市的国

家直接教学研究所查阅。该模式主要为幼儿园到6年级学生设计，旨在提高学生的阅读、语文和数学成绩，确保学生在5年级结束时达到高于年级水平的成绩。其内容包括互动性极强的课程，根据成绩划分的学习小组，以及时常监督学生的进步情况。与户外学习不同，"直接教学"主要适用于常规的室内教学。

"学校发展计划"由詹姆斯·科默开发，可通过康涅狄格州纽黑文市的学校发展计划查阅。该模式旨在发动社区中的成年人来帮助学生获得成功。该模式主要为幼儿园到12年级学生设计，涉及3类团队：学校的计划团队，学生和教职工支持团队，以及家长团队。3类团队均重视以下3项工作：设计一项综合性的学校计划，有效的教职工发展，以及监督和评估学生的进步情况。最后，3类团队都要遵守3项原则：无过错讨论、共同决策、相互合作。

"全员成功"由罗伯特·斯莱文和南希·马登共同开发，可通过马里兰州巴尔的摩的全员成功基金会查阅。该模式主要为幼儿园到8年级学生设计，旨在确保所有学生都能学会高效阅读，涉及采用合作式学习和一对一辅导模式，并由家庭支持小组、在场协助者和成长顾问提供支持。

由博尔曼、休斯、奥弗曼和布朗于2003年开展的综合性元分析综述了包括上述三种模式在内的29个CSR模式。可以准确地说，关于这些模式的传统观点是，它们都经过实践证明确实可以提高学生成绩。的确，美国教育部列举的标准中，第一条便是模式须已经科学研究证明能够用以提高学生成绩。然而，博尔曼及其同事们的综合性元分析却从另一个有趣的视角探讨了支撑这些CSR模式的研究。

该综合性元分析中有关CSR模式的至少三大结论与本书的探讨主题有关。第一，采用这29个CSR模式的学校中，每所学校的费用支出差别很大。

第一年（初创）的人事成本从0美元到208,361美元不等。第一年的人事成本中位数为13,023美元。第一年的非人事费用从14,585美元至78万美元不等，平均成本为72,926美元。简而言之，采用CSR模式可能十分耗费财力。如果学校选择了相对较昂贵的模式，最好仔细审查此种模式提高该校学生成绩的可能性有多大。

第二，就拥有研究支持其有效性的程度而言，这29个CSR模式之间也存在巨大差异。例如，其中一个CSR模式涉及的研究覆盖182所学校，但是另外一种模式只覆盖1所学校。此外，CSR模式对学生成绩的提升效果也相差甚大。详情见表6.1。

表6.1　综合性学校改革模式的效应量分布

效应量区间	百分比	累积百分比
−2.13至−2.00	0.27	0.27
−1.99至−1.00	1.50	1.77
−0.99至−0.01	33.12	34.89
0.00至0.99	54.91	89.80
1.00至1.99	4.23	94.03
2.00至2.99	1.10	95.13
3.00至3.99	1.00	96.13
4.00至4.99	1.10	97.23
5.00至5.99	1.10	98.33
6.00至6.99	1.00	99.33
7.00至7.83	1.00	100.33

表6.1所示百分比是基于博尔曼及其同事在元分析中报告的1111项标准化平均差效应量。标准化平均差效应量（以下简称"标准化平均差"）的详细解释见技术说明13（见第192页）。简而言之，标准化平均差主要说明使用CSR模式的学生平均成绩比未使用CSR模式的学生平均成绩高出或低出多少个标准差。表6.1中显示的标准化平均差范围是−2.13到7.83之间。这表明对29个CSR模式的研究结果存在相当大的差异。−2.13的低标准化平均

差表明相关CSR模式产生了较大负面影响。具体而言，它表明实验组学生的平均成绩（采用CSR模式的学校）比未采用CSR模式的学校的平均成绩低2.13个标准差。换言之，在这项研究中，CSR学校学生的平均成绩处于非CSR学校的第2百分位。从表面上看，鉴于这种巨大的负面效应，人们可能会得出这样的结论：与非CSR学校的普通学生相比，CSR学校的普通学生将失去很大的优势。

表6.1中的7.83高标准化平均差表明相关CSR模式产生了较大的积极影响。具体而言，采用CSR模式学校中学生的平均成绩比对照组学生的平均成绩高出7.83个标准差，即实验组学生的平均成绩高于对照组99.9999999个百分位。

这样看来，CSR模式对学生成绩的影响似乎很不均衡。一些研究证明，某种CSR模式会给学生成绩带来极其正面的影响；其他研究则发现，某种CSR模式会产生负面影响。事实上，在博尔曼及其同事开展的元分析中，1111个效应量中有34.89%低于零，这表明元分析涉及的35%的研究中，未使用给定CSR模式学生组的表现优于使用给定CSR模式学生组。

第三，随着时间的推移，CSR模式将呈现出复杂的影响模式。博尔曼及其同事用以下方式解释了CSR模式的长期影响：

> 在应用CSR模式5年以后，其效果开始显著增强。对于采取CSR模式长达5年的学校，效果几乎达到采用CSR模式的普通学校的两倍。应用长达7年后，其效果达到普通学校（d=0.15，即标准化平均差为0.15）的2.5倍以上。对于少数使用CSR模式达8—14年的学校来说，其效果高出普通学校的3.33倍左右（见第175页）。

第 6 章 做正确的工作

我们也许可以从以上观点中得出这样的结论：如果一所学校能坚持使用CSR模式长达5年的时间，就会收获丰厚的回报。然而，对研究结果的详细分析还提供了另外一种解释。第1年使用CSR模式的平均效应量是0.17。第2年、第3年和第4年的标准化平均差分别为0.14、0.15和0.13。这说明，CSR模式的效果在前4年中基本保持稳定或略有下降。在第5年，标准化平均差则大幅增加到0.25。最后，在第8至第14年中，效应量增长到0.50，这着实令人震惊。

该效应量趋势表明，学校必须坚持采用一种CSR模式，前面4年效果一般，但随后效果会十分显著。然而，博尔曼及其同事在元分析中的发现提供了一种不同的解释。具体地说，他们分析了一些与效应量大小有关的因素——且不论给定研究的标准化平均差是大还是小。他们发现的一个特点是CSR模式提供持续的教职工发展以促进实施的程度。研究发现，就某CSR模式而言，教职工发展支持越大，则与该模式相关的效应量越低。（关于该发现的详情，请参阅第193页的技术说明14。）这一发现显然驳斥了应用CSR模式越久则收获越大的说法。若如此，人们会期望教职工发展会增强CSR模式的实施效果。博尔曼与他的合著者并未深入探讨这种异常现象。然而，一种解释是CSR模式只有不断被调整，其效果才能实现最大化。也就是说，只有当CSR模式与学校具体的情况相适应时，才会对学生成绩产生积极影响。一项关于CSR计划对拥有多元化生源学校的影响的研究支持了这一说法。

达特诺、博尔曼、斯特林菲尔德、奥弗曼和卡斯特拉诺针对CSR模式在13所文化和语言不同的小学中的应用情况开展了一项为期4年的研究。一个更为有趣的发现是，大部分学校都在中途放弃了CSR模式：

综上所述，在我们为期4年的研究结束时，13所学校中还有5所仍然在坚持改革计划，力度介于中等和高等之间；6所学校中途放弃；余下2所学校仍然在正式地实施改革，但是执行程度很低。

对于仍然坚持将CSR模式当作学校"正确工作"的学校领导来说，这不是一个好的预兆。这意味着，CSR模式只有经过调整才能持续进行下去。达特诺的研究中，仍然坚持采用CSR模式的5所学校主要依靠因地制宜的调整。

尽管达特诺的研究对象仅仅包括拥有不同文化和语言生源的学校，但有关学校变革的研究和理论均强烈支持调整的重要性。具体而言，霍尔、霍德和劳克斯的研究表明，学校必须修改创新项目的具体细节，才能满足学生和社区的独特需求。事实上，对于霍尔、霍德和劳克斯来说，实施创新项目的最高级别就是因地制宜。

总而言之，许多优秀的CSR模式都已出现。寻求正确工作的学校应该考虑予以采用。然而，严格实施CSR模式似乎并非提高学生成绩的万全之策。

设计一种因地制宜的方式

确定学校应当从事哪些正确工作的第二种方法是设计一项专门的干预措施——创设或确定一项能够满足学校具体需求的干预方案。这一选择背后的逻辑是，每所学校都有自己的独特性。因此，没有任何现成的综合性学校改革方案能够迎合某一学校自身的特色。

要想设计一项专门的干预措施，学校必须先建立一个含可变因素的模式或框架，用以提高学生的成绩。一些以此为目的的模式已被开发出来，

如列文、莱佐特和萨蒙斯设计
的各种模式。本章所选模式的
开发者是马扎诺，他在《什么
在学校里起作用：化研究为行
动》一书中做了介绍。该模式
假定，有三层11种因素可能是
学校改革的重点。见表6.2。

请注意，这些因素分为三
大类：学校层面的因素、教师
层面的因素和学生层面的因素。
首先，学校层面的因素通常指
安全、秩序等学校政策的作用，
也就是教师仅凭一己之力无法
完全解决的问题。这些问题一

表6.2 "什么在学校里起作用"的三层因素
学校层面的因素
● 有保障且切实可行的课程计划
● 富有挑战性的目标和有效的反馈
● 家长和社区的参与
● 安全有序的环境
● 分权和职业精神
教师层面的因素
● 教学策略
● 课堂管理
● 课堂课程设计
学生层面的因素
● 家庭环境
● 学习智力和背景知识
● 学习动机

资料来源：《什么在学校里起作用：化研究为行动》，罗伯特·J.马扎诺，2003，第10页，版权所有©2003 ASCD。

般包括全校性的措施或操作程序。其次，教师层面的因素指教师能够单独并有效地处理的问题，如教学策略和课堂管理等。最后，学生层面的因素指诸如家庭氛围这样的问题，通常不由学校处理，但是如果学校愿意为此在全校范围内实施一项特别计划，问题也许能够得到解决。

在逐一分析各项因素之前，有一点必须说明：这些因素仅指在没有特别财政资源的情况下可以做出实质性改变的因素。也就是说，每项因素都代表了一个确实能够改革的方面。此外，根据定义，一些强有力的干预措施未被列入表中，如增加一学年中的教学天数，为每位学困生提供辅导等。这些干预措施的确会对学生成绩产生重大影响，但对大多数学校而言，依靠现有资源是无法做到的。表6.2所列内容可能被视为一组实用性因素，因为要想实施这些内容，无需任何额外的资源。每项因素都包括被某一学校视为"正确工作"的具体且明确的特征，也包括行动步骤。

因素1：有保障且切实可行的课程计划

如标题所示，该因素涉及学校课程两个相互联系的方面——课程得到保障的程度和课程切实可行的程度。虽然可行性被列为第二项，但我们会首先分析这个方面，原因在于，它是课程能够得到保障的必要条件。

可行性指教师是否能在指定的时间内充分讲授规定的课程。虽然这一问题可能听起来像一个不合理的推论，但它确实是当前K-12学校教育所面临的最为棘手的问题。具体而言，50个州中有49个（爱荷华州是唯一的例外）都制定了标准文件，规定学生在所选的学科领域的学习内容和能力要求。这些学科领域一般包括数学、语文、科学、社会研究（包括历史、公民学和地理）、健康与体育、艺术。虽然制定标准的初衷是好的，许多州的标准文件撰写得也十分用心，但制定标准的做法造成了一些人所说的"覆盖危机"。简单地说，就是这些标准文件规定的授课内容往往是教师无法在指定的教学时间内讲完的。

例如，马扎诺、肯德尔和杰迪针对讲授现行国家和各州标准文件中规定内容所需的课时量开展了一项研究，所得结论为：想要完成这些文件中规定的授课内容，需要在现有课时量的基础上增加71%的授课时间。值得一提的是，如果学校在不增加每学年总学时的情况下按文件规定讲授所有内容，则需要将学制延长约10年。因此，为了使其具备可行性，授课安排必须考虑可用的教学时间，而这样做显然需要大幅度削减教学内容。

一旦课程调整到可行的程度，授课便可以得到保障。这就意味着学校要强制授课教师必须在特定年级的特定课程中讲授特定的内容。较少关注

K–12教育的人可能会认为学校和学区已经实施此类限制，然而事实并非如此。例如，在针对教师如何使用教科书这一问题的讨论中，史蒂文森和斯蒂格勒注意到，即便是一所学校或一个学区的所有教师都使用同一套教材，不同的教师也会忽略不同的主题。因此，学校或学区无法掌握学生们的学习内容。赫什也注意到了同样的问题，并指出："当地学区，甚至个别学校制订了连贯的教学计划，这一说法纯属极具误导性的谣言。"

鉴于许多学校和学区缺乏有保障的、切实可行的课程计划，学校可以将以下一个或多个行动步骤确定为"正确的工作"：

- 确定并讲授对所有学生来说是重要的，而非补充性内容。
- 确保在可用的教学时间内讲授基础知识。
- 确保教师讲授基本内容。
- 保障教师的教学时间。

因素2：富有挑战性的目标和有效的反馈

从研究文献得出的一个最令人信服的结论是，反馈是一个可以应用于各种情境的富有活力的教学活动。实际上，在对近8000篇论文的综述中，海蒂推断：对教育者而言，反馈是唯一一个最有力的教学工具。马扎诺指出，表6.3所示的报告单是做出研究中所提反馈的最佳方式。

请注意，在表6.3中报告单的上部，各科成绩的呈现方式看上去十分传统。很显然，仅提供各科的总评成绩并不能达到海蒂所暗示的反馈水平。而报告单底部的内容却达到了这种反馈水平，因为每门课程中的每个具体专题都有对应的成绩。表6.3中的报告单使用的是百分制评分法，马扎诺说明了怎样使用以四分制评分法为基础的报告单。无论使用百分制、四分制，或者其他分制的评分法，类似报告单的主要特点是每位学生在每一个学习

表6.3　标准报告单样例

学生姓名：塞西莉亚·霍尔斯特德
年级：8
家庭教室负责人：贝克尔女士

数学：	79.7	C	课堂参与：	90.8	B
科学：	79.4	C	课后作业：	87.6	B
语文：	93.8	A	小组活动：	78.2	C
历史/地理：	82.9	C	纪律表现：	87.1	B
艺术：	97.7	A			
公民学：	85.4	B			

数学

集中趋势与变异性	76.5
图表与图形	87.2
数据收集与抽样	78.2
函数	68.3
解题策略	88.2

课堂参与	94.2
课后作业	82.1
小组活动	70.5
纪律表现	78.4

科学

地/月球运动	71.0
地球系统的能量	82.3
太阳系	79.1
宇宙	83.9
季节/天气/气候	80.7

课堂参与	90.2
课后作业	84.7
小组活动	71.5
纪律表现	82.4

语文
写作：

写作方法	94.7
语言组织与主题展开	95.0
措辞	89.9
文体	95.2

阅读：

阅读理解	92.6
批判性阅读	95.8
体裁理解	93.8

续表

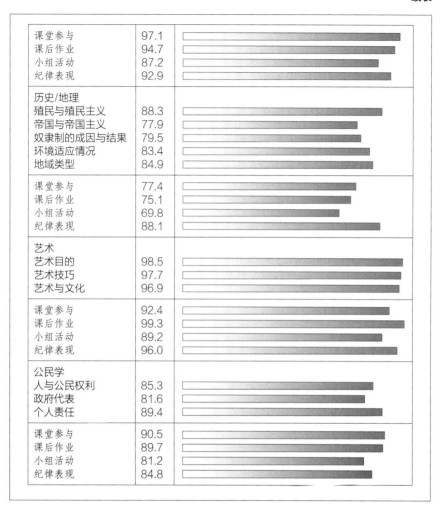

课堂参与	97.1	
课后作业	94.7	
小组活动	87.2	
纪律表现	92.9	
历史/地理		
殖民与殖民主义	88.3	
帝国与帝国主义	77.9	
奴隶制的成因与结果	79.5	
环境适应情况	83.4	
地域类型	84.9	
课堂参与	77.4	
课后作业	75.1	
小组活动	69.8	
纪律表现	88.1	
艺术		
艺术目的	98.5	
艺术技巧	97.7	
艺术与文化	96.9	
课堂参与	92.4	
课后作业	99.3	
小组活动	89.2	
纪律表现	96.0	
公民学		
人与公民权利	85.3	
政府代表	81.6	
个人责任	89.4	
课堂参与	90.5	
课后作业	89.7	
小组活动	81.2	
纪律表现	84.8	

资料来源：《什么在学校里起作用：化研究为行动》，罗伯特·J. 马扎诺，2003，第41—42页，版权所有©2003 ASCD。

阶段（例如，每9周）都能得到针对知识和技能等具体方面习得情况的反馈。各个阶段的分数都会被记入记录学生各科目得分的总成绩单。

需要指出的是，使用表6.3所示报告单的前提是规定教师在每一个学习阶段持续地追踪几个相关专题，并为他们提供计算机软件，来完成资料存档、平均值计算、各专题合分等常规而又烦琐的工作。目前已开发出供教师日常记录各科知识和技能评估数据的计算机软件，使得教师可以把搜集的信息汇总成表6.3样式的报告单，并可以将报告单中的信息汇总为总成绩单。

随着有保障且切实可行的课程计划的实施（因素1），以及对于因素2至关重要的档案保存工作获得技术支持，学校便可以为全校和每位学生确定富有挑战性的目标，进而提供系统的具体反馈，这样就能实现海蒂提出的学习方式了。如此一来，学校可以将以下一个或多个行动步骤定为其"正确的工作"：

• 实施评估和记录保存制度，就每位学生相关科目的知识和技能习得情况提供及时反馈。

• 为全校制定具体且富有挑战性的目标，并进行监督。

• 为每位学生制定具体且富有挑战性的目标，并进行监督。

因素3：家长和社区的参与

这一因素指家长和社区对学校办学的支持和参与，包括至少3个相互联系的要素：沟通、参与和治理。

沟通指学校与家长和社区之间建立良好沟通渠道的程度。沟通途径一般包括通信、电话、家访和家长—教师会。此外，电子邮件和网络聊天室的使用也极大地拓展了双方有效沟通的能力。

参与指家长和社区参与学校日常运作的程度。家长和社区志愿者对学校各项事务的参与是显而易见的，他们的角色包括课堂助手，走廊、餐厅和操场的监督员，办公室助理，以及客座讲师和发言人等。

治理指学校在多大程度上建立了允许家长和社区参与政策制定的机构。腾格里和墨尔斯就家长和社区参与学校治理的合理性做了如下解释："家长（和社区）参与教育决策的概念与公民参与政府事务的民主理念紧密相连。"家长和社区参与学校治理的方式一般包括建立正式的团队，它类似于科默学校发展计划中的家长小组，以及建立现场管理团队。

鉴于此，学校可以将以下一个或多个行动步骤定为其"正确的工作"：

- 建立学校、家长和社区之间的沟通平台。
- 提供多种方式让家长和社区参与学校的日常运作。
- 制定允许家长和社区成员参与的管理方法。

因素4：安全有序的环境

环境安全有序的学校是这样的学校：学生和教师不仅都是平安的，他们还认为自己不会受到身体和心理上的伤害。这里所说的安全和有序被许多人当作是有效办学的必要条件。事实上，就这一因素已经在国家层面设定了一些目标。例如，1994年出台的《2000年目标：美国教育法》规定，到2000年，每所学校"都将提供一个有利于学习的纪律严明的环境"。为此，必须在学校层面落实相关规则和程序，并让学生参与这些规则和程序的制定和实施。

为此，学校可以将以下一个或多个行动步骤定为其"正确的工作"：

- 建立规则和程序，解决可能由学校的外在特征或常规惯例引起的行为问题。

- 在全校范围内建立一般行为规则和程序。
- 确定并执行违反规则和程序要承担的相应后果。
- 打造教育学生自律和责任感的课程项目。
- 建立一套系统，能够及早发现极有可能做出暴力和极端行为的学生。

因素5：分权和职业精神

分权和职业精神指学校全体成员的互动方式，他们作为专业人士履行职责的程度。这一因素与20世纪70年代的研究者所说的"学校风气"有关。布鲁克弗和他的同事们证明了这一因素的重要性，指出"学校风气的差异在很大程度上解释了学校之间学业成绩的差异，而这种差异通常被归因于组织结构"。应当指出的是，布鲁克弗的风气概念在范围上是相当宽泛的。这里所指的分权和职业精神更接近于迪尔和肯尼迪所说的"组织风气"：

> 学校的组织风气被定义为学校的集体个性，其基础是学校中的个体进行社交和专业互动而形成的特有氛围。

实际操作中，分权和职业精神是一种职责，是教职工或明确或含蓄的行为规范。这些规范有助于建立本质上专业，同时又不失热情和友善的关系。这一因素也包括使教师成为制定学校重大决策的重要一员。最后，这个因素涉及重点突出、技能导向，且贯穿于各学期和各学年的职业发展。

这一因素涉及3个行动步骤：

- 建立催生分权与合作的行为规范。
- 建立管理结构，允许教师参与学校的重大决策和政策制定。
- 组织有意义的教职工发展活动。

因素6：教学策略

表6.2将前5个因素视为学校层面的因素。正如相应的行动步骤所示，它们涉及全校范围内的干预措施。因素6，以及下面两个因素（课堂管理和课堂课程设计）则与日常课堂活动相关。

高效教师尤为显著的特征之一是，他们可以使用大量的教学策略。研究者们列出了许多种教学策略清单，据说这些策略十分奏效。例如，弗雷泽、沃尔伯格、韦尔奇和海蒂以文献综述为基础，总结了8种常用的教学策略。以下9种教学策略则基于马扎诺的研究：

- 寻找异同

- 总结和笔记

- 强调努力，给予认可

- 家庭作业与实践

- 非语言展示

- 合作学习

- 设定目标并提供反馈

- 提出并验证假设

- 提示、提问和先行组织者

不管使用哪种具体清单，都应将教学策略设计成某种类型的教学设计框架。亨特提出了针对一堂课的设计方案。马扎诺也提出了单元设计方案。如表6.4，该方案将教学策略分为四大类。

第一类教学策略涉及监控过程，平衡独立任务与小组任务，强调努力和对取得成绩的学生进行表彰。这些活动通常被定期且系统地加以使用，贯穿整个教学单元。第二类教学策略包括评定目标的最终达成度，并在单

表6.4　教学策略分类

第一类：监督过程，平衡独立任务与小组任务，强调努力，表彰优秀学生

- 让学生独立完成任务
- 让学生与小组成员合作完成任务
- 按具体专题的知识和技能掌握情况将学生分组
- 就学习目标定期向学生提供反馈
- 要求学生记录自己达成学习目标的过程
- 定期表扬学生实现学习目标过程中的合理进展
- 找出和树立努力学习的榜样

第二类：评定目标的最终达成度，并在单元学习结束时表彰优秀学生

- 为学生提供清晰的学习进度评估
- 让学生参照学习目标开展自我评价，并与教师评价作对比
- 就具体目标的实现情况，对相关学生提出认可和表扬

第三类：帮助学生理解和吸收呈现给他们的新信息

- 提出问题，帮助学生了解自己对知识的掌握情况
- 为学生提供新旧知识之间的直接联系
- 为学生提供组织新知识或思考新内容的方法
- 要求学生就所学内容做笔记
- 要求学生就所学内容做口头的和书面的总结
- 要求学生用图片、象形文字、符号、图示、物理模型、戏剧扮演等方式呈现新知识
- 要求学生就新知识在脑海中创造图像

第四类：帮助学生复习、练习和应用所学内容

- 要求学生温习笔记，改正错误，增加细节
- 要求学生温习图片、象形文字、符号、图示、物理模型，改正错误，增加细节
- 要求学生温习脑海中的图像，改正错误，增加细节
- 布置家庭作业和课堂活动，要求学生练习技能和操作步骤
- 布置家庭作业和课堂活动，要求学生对内容进行比较，对内容进行分类，用内容进行比喻，用内容进行类比
- 让学生参与各类项目，要求他们通过执行解决问题、制定决策、开展调查、调查探究、系统分析、发明创造等任务，提出和检验假设

资料来源：《什么在学校里起作用：化研究为行动》，罗伯特·J. 马扎诺，版权所有 ©2003 ASCD。

元学习结束时表彰优秀学生。它们为单元的学习画上圆满句号。第三类教学策略旨在帮助学生理解和吸收呈现给他们的新信息。第四类教学策略旨在帮助学生复习、练习以及应用所学内容。

尽管如表6.4所示，这个框架是多维度的，涉及一系列广泛的教学策略，但只有一个行动步骤与这一因素相关：

• 为教师提供一个教学框架，使其能够运用以研究为基础的教学策略设计教学单元。

因素7：课堂管理

可以说，课堂管理是有效教学的基础。事实上，在一份重要的研究文献综述中，王、哈泰尔和沃尔伯格把课堂管理视作228个变量中对学生成绩产生最大影响的因素。直觉告诉我们，因管理不善而秩序混乱的课堂不仅不能提高成绩，甚至可能会起到阻碍作用。

马扎诺和皮克林提出了有效课堂管理的5个方面。第一个方面是课堂守则和程序的制定和执行。第二个方面是针对违反守则和程序的行为制定与执行适当的惩罚措施。第三个方面涉及师生关系。具体来讲，要想与学生建立一种最佳的关系，教师必须表现出两种行为：（1）展现适度的主导地位（表明教师是负责人，在提供行为和学术指导方面可以被信赖）；（2）展示适度的合作（向学生表明教师关心学生的个体需求，愿意将整个班级视为一个团队）。有效课堂管理的第四个方面包括教师采用策略，提高对课堂上所有活动的关注，特别强调判断和阻止所有潜在的问题。第五个方面涉及教师在管理问题上保持健康、客观的情绪的程度。

因此，关注课堂管理的学校可以将以下一个或多个行动步骤定为其"正确的工作"：

- 让教师阐明并执行一套全面的课堂规则与程序。

- 让教师利用具体策略强化得当的行为，识别不当行为，并提出要承担的后果。

- 制定适用于全校的纪律守则。

- 帮助教师在管理学生时在主导与合作之间实现平衡。

- 使教师了解不同学生的需求以及应对这些需求的方法。

- 让教师使用具体策略，保持或提高对学生课堂行为的关注。

- 使教师采用具体策略，在面对学生时保持健康、客观的态度。

因素8：课堂课程设计

课堂课程设计指教师自行对教科书、国家标准文件和学区课程指南中的内容进行改编，以满足特定学生的需要。这样做十分有必要，因为不同学校，甚至同一学校不同班级的学生在背景知识以及就待讲专题的准备方面差异巨大。因此，授课教师必须对给定教科书、标准文件和课程指南中的活动和内容进行改编。

完成改编之后，教师首先要做的第一个决定是将教科书、标准文件或课程指南中给定专题涵盖的哪些知识和技能定为教学重点。例如，根据上述一个或多个文件的要求，4年级教师需要讲解分数。但是，分数中可以视为教学重点的知识颇多，如分数与小数或自然数之间的关系，以及1/2、1/4、1/5等简分数的比较特征等。此外，分数这一专题涉及的重要能力包括将分数化为小数，以及分母不同的分数之间的加法等。就特定学生而言，要想确定哪些知识和技能是教学重点，教师必须考虑学生已有的相关知识。显然，教科书、标准文件或课程的制定者是不能对此做出决定的，必须考虑每个班级，甚至是每位学生的具体情况。

教师必须做出的第二个决定是确定用于确保学生以各种方式多次接触新内容的活动。这一点之所以十分必要，是因为若要充分理解和整合新知识，学生必须有机会以不同的方式从不同的视角加工信息。此外，这些机会必须以经过深思熟虑的难度进程多次呈现。

教师必须做出的第三个决定是判断哪些技能是学生需要掌握的、哪些是仅需了解的。技能是程序化的知识。若以运用为目的，只有达到不经思索的程度，才算习得了程序化知识——个体只需稍加思索或不假思索便能流利地完成技能或程序。然而，这一水平的学习需要大量的拓展练习，其练习量之大使得教师不可能按照教科书、标准文件和课程指南的规定恰当地安排学生练习所有内容。结果便是，教师可能在某一学期讲解许多技巧，但是学生只对其中少部分技巧的掌握情况达到了运用自如的水平。此外，教师必须根据自己的背景知识和班里学生的准备情况做出相应的决定。

教师必须做出的第四个决定是怎样围绕某一个主题呈现知识，或怎样以突出相似之处的方式呈现一系列主题。突出主题之间的相似之处是知识迁移的核心。需要重申的是，不了解学生的背景便无法建立起这种联系。对一组学生而言可以呈现主题之间明显联系的组织方案，可能对另外一组学生来说毫无作用。

教师必须做出的第五个决定是如何为学生布置复杂的任务，让他们以超出对知识原初理解的方式运用新知识。例如，运用新知识制定决策，运用新知识解决问题，运用新知识检验假设等。

为此，学校可以将以下一个或多个行动步骤定为其"正确的工作"：

- 让教师确定待讲主题的重要知识和技能。
- 让教师以灵活多样的活动多次呈现新内容。
- 让教师区分哪些技能和程序需要学生重点掌握、哪些技能和程序只需简单了解。

- 让教师运用能够展示知识重要特征的分组法或分类法授课。
- 让教师引导学生参与需要以多种方式处理内容的复杂任务。

因素9：家庭环境

表6.2中的最后3个因素被归为"学生层面的因素"。它们代表了一些特征，是学生每天在学校展示出的一部分自身背景。过去几十年里，许多人认为，学生背景因素超出了学校的能力范围。表6.2中列出的3个因素则绝非如此。虽然它们受校外环境的影响，但是每一个都可能受到学校里的集中努力的显著影响。

学生层面因素中的第一个是家庭环境。顾名思义，这涉及家庭环境在多大程度上助力学业成功。与该因素相关的一个引人注目的研究发现是，无论家中父母或监护人的收入、职业或受教育程度如何，家庭环境可以被精心安排，对学生的学业成绩产生积极影响。

家庭环境中至少有3个方面决定着它是否有利于学生的学习。首先是父母或监护人在多大程度上与孩子沟通有关学校的情况，又是以何种方式沟通的。沟通效果良好的家庭中，家长或监护人会经常和孩子系统地讨论关于学校的事情，鼓励孩子学习，并提供资源帮助他们完成学业。

其次是监督，涉及父母和监护人对孩子活动的监督程度，比如做作业的时间、孩子何时放学回家、放学后做什么、看多长时间的电视、看什么电视节目等。

最后是父母的教育方式。在权威型、专制型和放任型3种教育方式中，权威型与学生学业成绩的正相关关系最强，其次是专制型。而放任的风格对学业成绩几乎没有帮助。

与这一因素相关的行动步骤只有一个：

● 为家长提供培训和支持，以增强他们就学校问题与孩子沟通的能力、监督孩子的能力以及用有效的教育方式向孩子传达期望的能力。

因素10：学习智力和背景知识

学习智力和背景知识因素得名于这样一个事实，即学业成绩的最有力预测因素之一（即使不是唯一最有力的因素）是学生对所教内容的背景知识的掌握情况。有趣的是，背景知识，尤其是学术背景知识，类似于心理学家所说的"晶体智力"，或是后天习得而非生而有之的智力。

增加学业背景知识的方法可分为两类：直接方法和间接方法。直接方法是让学生参与以教育为导向的校外活动，如实地考察历史遗迹、参与文化活动、观看戏剧、参观博物馆等。直接方法还包括让有意愿的学生与能够提供各种校外学术经验的成年人结成对子。理想的情况是，对子中的成年人拥有与学生相同的文化背景。

间接方法指可以增强学生学术背景知识的"虚拟"经验。有两种间接方法非常适合当前K–12教育的文化，一种是广泛阅读，另一种是直接词汇教学，它们十分有助于学生学习相关学科。

学校可以将以下一个或多个行动步骤定为其"正确的工作"：

● 让学生参加能直接提升他们现有生活经验数量和质量的活动。
● 让学生参与强调提升词汇量的广泛阅读活动。
● 就特定主题的重要术语和短语开展直接教学。

因素11：学习动机

最后一个学生层面的因素是学习动机，指的是学生从外部和内部两方面被鼓励从事学习任务的程度。内趋力理论、归因理论和自我价值理论为如何通过外部资源激励学生提供了一些指导。一种方法是就所学知识为学生提供反馈。当学生意识到他们在获取知识或技能方面取得了进步时，便倾向于提高自己的努力水平和参与度，而不考虑与其他学生相比排名如何。外部激励的另外一种方法是让学生参加以学术性内容为主的游戏类任务，因为游戏和类似游戏式的活动本身就很有趣。若将学习内容嵌入游戏或游戏类活动中，即使学生对内容本身不感兴趣，他们也倾向于参与任务，从而学习嵌入的内容。

自我系统理论就关于增强或利用学生内部动机的方法提供指导。第一种方法是让学生参与自主设计的长期项目。然而，要想真正挖掘内在动力的来源，学生必须有选择专题和具体目标的自由，并有足够的时间和资源完成它们。这意味着学校需要在每个教学周专门留出一些时间，让学生完成这些开放式任务。这些由学生主导的项目所产生的光环效应可以弥补传统学科损失的授课时间。也就是说，这些任务产生的能量和参与度可能会溢出到传统的学科领域。第二种方法是让学生了解人类动机的动态，从而了解自己在校内外的行为。这可以让学生在不同的情况下对自己的动机水平有一定的把握。

重视学生动机的学校可以将以下一个或多个行动步骤定为其"正确的工作"：

- 学生习得知识后，为他们提供反馈。

- 为学生提供具有内在吸引力的任务和活动。

- 为学生提供创建和从事自己设计的长期项目的机会。

- 向学生介绍由动机引发的动力，以及这些动力如何影响他们。

小结和结论

学校领导选择正确工作的能力是有效领导的关键方面。在一所表现不佳的学校里，教师和管理者在工作中或许足够"努力"，却谈不上"聪明"，因为他们选择的干预措施几乎不可能提高学生的学业成绩。有两类可用的干预措施，分别是CSR模式和因地制宜的方法。尽管人们通常认为CSR模式对学生成绩的影响如何已经得到验证，但相关研究表明，任何一种既定的CSR模式产生的影响都可能因地点不同而存在差异。一个有效的经验法则是，应该随着时间的推移对CSR模式加以调整，以适应学校的特定需求。使用因地制宜的方法时，学校须根据一些有效学校教育的理论或模型设计自己的干预措施。一个包含39个行动步骤的11种因素模型可以帮助学校确定工作重点。无论学校选择何种模式，采用因地制宜的方法都涉及针对某一学校的特定需求与环境设计具体的干预措施。

第 7 章

有效的学校管理计划

过去人们说，"没有计划的愿景仅仅是梦想；没有愿景的计划便只是苦差事。然而，有计划的愿景能够改变世界"。本书前6章介绍了元分析和因子分析的基本原理和分析结果。通过元分析，我们确定了21项定义学校领导者角色的责任。通过因子分析，我们得知领导力是不同的，取决于学校是处于一级变革还是二级变革。最后，我们发现理查德·埃尔莫尔的研究为我们的研究结果增加了一个重要的解释维度。他的结论是，确定正确的工作对学校的成功至关重要，这有助于我们理解那些关乎学校领导力影响的条件。

所有的研究发现均有助于我们更好地理解学校领导力。不过，单独来看，它们并不能构成一个计划，而仅仅是一套学校领导者可以采取的协调行动，以提高在校学生的成绩。本章中，我们仅尝试完成如下工作：根据研究发现和所得结论制订行动计划，帮助学校领导者清晰表述并最终实现提高学生成绩的宏伟愿景。

我们提出的计划制订包括5个步骤：

1. 建立强大的学校领导团队。

2. 在领导团队内部分配责任。

3. 选择正确的工作。

4. 确定所选工作的量级。

5. 使管理风格与变革方案量级所属的层次相匹配。

第一步：建立强大的学校领导团队

元分析的一个发现是，21项责任构成了有效的学校领导者工作的特征。虽然这21项责任的列表看起来很长，但其实不然。其他综合了相关领导力研究的研究人员也列出了同等长度的列表。回顾第2章，科顿列出了25项责任，与我们列出的十分相似。我们相信，任何想要综合相关学校领导力研究的人都会得出相似的结果。简而言之，我们和其他人的研究证明了同一个结论：领导一所学校需要一系列的复杂技能。不过，该结论的有效性存在逻辑问题，因为确实很难找到一个有能力或有意愿掌握这些复杂技能的人。有效的学校领导力离不开这21项责任，但拥有这些责任超出了大多数人的能力范围，这一矛盾该如何解决呢？从表面上看，这意味着只有那些拥有超能力或愿意付出超人般努力的人才有资格成为有效的学校领导者。

幸运的是，如果学校领导力的重点从个人转变为由多人组成的团队，那么还是有解决办法的。如果领导学校的责任属于领导团队，而不是校长个人，那么这21项责任都可以得到充分履行。正如第2章所言，许多理论家（如埃尔莫尔、富兰和斯皮兰）在各种理论中都直接或间接地讨论了共享领导力这一概念。对我们来说，这个概念指"有目的的社区"，对如何以最好的方式建立并维护领导团队提供了指导。具体来说，我们相信强大的领导团队是"有目的的社区"的自然产物。换句话说,把学校打造成"有目的的社区"是设计有效领导团队的必要条件。

打造有目的的社区

我们将"有目的的社区"定义为具有集体效能和能力的社区,可以通过一致认可的流程,利用资产来实现对于全体社区成员而言均十分重要的目标。该定义包含了4个重要概念。第一是集体效能概念,即群体成员的共同看法或信念。这些看法和信念可以极大地提升组织的效力。根据戈达德和霍伊的研究,相比学生的社会经济地位,教师的集体效能可以更好地用来预测学生在学校的成功。简单来说,集体效能是"我们可以有所作为"的共同信念。

第二是开发和利用所有可用资产。资产可以是有形的,也可以是无形的。有形资产包括财务和实体资源,学校教职工人数以及他们的才能,技术和获取信息的途径。无形资产包括共同的愿景,对校内重要事务的共同设想,以及对学校核心使命的共同理想和信念。

第三是它实现关乎所有社区成员的重要目标。社区有多种类型和形式。"目标明确的社区"与"偶然形成的社区"之区别在于其强大且明确的存在理由。它们的形成不是机缘巧合。相反,成员们可以自主决定是否希望成为社区的一员。这不是新提出的理念,之前已经在"意向社区"的讨论中有了明确定义。例如,在《取得好成绩》一书中,瓦格纳写道:

> 历史上,大多数社区都是偶然形成的。形成的原因通常是距离较近或有直接的共同需求。它们有时能够促使社区成员明晰目标,实现成长和发展,有时则不会。任何一个长期居住在小镇上的人都会这么说。相比之下,"意向社

区"的创建是有目的的。事实上，"意向社区"一词最初被广泛用于描述19世纪乌托邦主义者为创建社区付出的努力，他们的目标是使社区成员获得智力和精神上的成长。

第四是一致认可的流程。这些流程可以加强社区成员间的沟通，有效调解分歧，并使成员适应社区目前的状态。

这4个要素为学校领导者必须采取的行动提供了模板。更为清楚的是，在这21项责任中，学校领导者必须履行某些职责来建立目标明确的社区，从而组建强大的领导团队。我们相信，21项责任中至少有9项是校长必须要履行的，是建立"有目的的社区"的基础。这9项责任如下：

- 优化
- 肯定
- 理想/信念
- 可见
- 态势感知
- 关系
- 沟通
- 文化
- 集思广益

在"有目的的社区"的4个关键要素中，每一个都取决于学校领导者是否能有效履行9项责任中的一个或多个。

为了打造"有目的的社区"的典型特性——集体效能，学校领导者必须有效执行"优化"和"肯定"责任。校长必须倡导这样一种理念（优化责任），即在有凝聚力的团队里，成员可以带来实质性的改变。然而，许多研究人员和理论家认为，学校教师通常不会依据这样的共同信念行事。相反，他们倾向于从这样的视角出发：教师对学生学习所做的贡献多得益于个人努力，而不是全体教职工集体努力的结果。鉴于这些孤立主义倾向，学校领导者要努力培养全体教职工对集体效能的信念。萨乔万尼将这种视角上的转变称为发展"希望社区"。

具体而言，校长可以在新学年伊始就团队之于办学的重要性组织一次深入的讨论会，举例证明团队运作的力量。近年来，柯林斯的著作《从优秀到卓越》引起了全美教育工作者的关注。这本书讲述的是一些公司不但顺利度过了经济困难时期，而且还发展得十分成功。其中一个观点——"让合适的人上车"——很适合用来探讨集体效能的影响力。柯林斯认为，公共汽车暗指组织，此处指的是学校。"合适的人"暗指一群志同道合的人，他们愿意将个人的抱负融入学校的公共利益之中。

萨乔万尼提醒我们，集体效能的信念需要事实作为支撑，也就是必须有证明其有效的证据。学校领导者可以通过履行"肯定"责任来实现这一点，也就是认可并表彰学校整体以及教职工个人在学校内部合理合法的成功。这种认可向全体教师证明，他们的努力得到了切实的成果。为此，校长可能需要在每次教师会议上花一些时间来表彰学校整体的成就，以及为提高学生成绩而努力工作的个人。

第二个对"有目的的社区"重要的概念即可用资产的开发与利用。如前所述，资产可以是有形的，也可以是无形的。履行"资源"责任时，领导团队可以有效地处理书本和设备等有形资产。（对于领导团队在第二步中要如何做到这一点，我们给出了建议，详见表7.1，第123—124页。）然而，对于共同愿景、共同设想、共同理想等无形资产的开发则是校长行为的附属产物。当校长履行"理想/信念"责任时，便会表现出这样的行为。"理想/信念"可能是学校领导者执行起来更为困难的一项责任。第4章曾提到，公开谈论个人的理想和信念是一种非常亲密的行为。戈尔曼、博亚茨和麦基认为，这种自我表露的意愿是情商的重要组成部分。

履行"理想/信念"责任时，学校领导者可以就学校教育的性质和宗旨明确表达自己的理想和信念，并邀请教师分享他们的理想和信念，进而找出其中的共同点。在K-12学校中，这样的共同点很容易找到，因为教师和管理者差不多是出于同样的考虑才进入了教育行业：大部分都是为了给他人的生活带来积极影响。当有意识地从这些"更高"的原则出发时，人们会愿意花费大量的精力，并能获得更大的满足感。

第三个对"有目的的社区"而言十分重要的概念即它实现关乎所有社区成员的重要目标。这里的关键词是"所有社区成员"。这个概念背后的驱动力是，全校教职工都相信他们日常付出的努力都服务于共同目标。当然，讨论共同理想/信念会有利于达到这种状态。然而，在大多数学校琐碎繁杂的日常生活中，即便是最有意义的讨论也容易被大家遗忘。此时就需要校长出面，让这些从讨论中得出的共同目标保持活力。为此，校长需要付出行动，而不能仅仅空谈。具体来说，"有目的的社区"的这一方面涉及5项责任：可见、态势感知、关系、沟通和文化。

"可见"要求校长经常同师生接触。方式通常是明显的非正式、无计划的相遇，比如校长在教学楼里走动，观察课堂情况，与师生聊天，观摩体育比赛和其他课外活动。校长强烈的存在感传递了这样一个信息：管理者和教职工同属一个团队，在各方面通力合作。

"态势感知"指领导者对于办学细节和潜在问题的认知。很显然，有效地履行"可见"责任会让履行"态势感知"责任变得更为容易。作为创建

"有目的的社区"的一部分，态势感知包括了解学校中个体的积极和消极动态，并利用这些信息预测和阻止潜在的问题。例如，当意识到某位教师或某个教师团体感觉被剥夺了权力时，校长不会等待这些情绪以消极的方式发泄出来，而是主动与相关教师座谈，诚邀他们公开探讨这些问题。

"关系"责任可被视为校长努力打造"有目的的社区"的基石。校长不仅要了解学校教职工的工作，还应该了解他们的个人生活，对教职工人生中的一些大事做出适当的反应。

"文化"责任涉及为教职工创造一个有共同目标感的合作环境。当然，履行其他责任有助于建立适当的文化。为此，校长应该公开采取行动。施莫克提出了一个简单的办法：每个月或每两个月召开一次会议，让负责同一学科、同一年级或两者都负责的教师共同讨论教学问题。所有会议都须探讨的问题将是学校的实际办学情况与其理想/信念之间的一致性程度。

第四个对"有目的的社区"十分重要的概念即一致认可的流程。如前所述，这些流程加强了社区成员之间的沟通，有效调解了分歧，并凸显社区目前的健康状态（或是不健康的状态）。有效地履行"集思广益"责任可以解决这些问题。第4章指出，"集思广益"要确保学校所有教职工对学校的各项工作拥有发言权。在某个层面上，可以直接对校长"提出意见"。为此，可以长期实施开放的政策，让每位教师都可以随时找到校长。校长也可以系统地安排会议，同每位教师会面，就如何更为有效地办学征求他们的建议，此乃更为正式的做法。另外，每次会议要留出时间让教职工表达对办学相关事项的关切。

各种各样的举措虽然耗费精力，却是建立"有目的的社区"的前提，而"有目的的社区"又是强大的领导团队的先决条件。

建立和维护领导团队

一所学校可能永远不会达到不需要人们再为"有目的的社区"努力奋斗的程度。人们常说，"有目的的社区"更像是一段旅程，而不是旅途的终点。因此，学校领导者可以组建领导团队，与打造"有目的的社区"相呼应。领导团队的筹建并无硬性规定，但根据经验，至少有两项一般性原则可供参考。

第一，团队成员应该是志愿者。也就是说，成员资格不应该以某种形式的轮换为基础（轮换指的是每位成员任职的时长须满一定期限）。毫无疑问，团队成员必须能够付出额外的精力，完成额外的工作。为此，唯一方法便是让他们自愿提供服务，因为他们对有效办学做出了特别的承诺。正因如此，也可以将领导团队看成是一群为了学校整体福祉而倾情奉献的个体。团队成员对学校有着共同的"承诺文化"。这并不是说那些没有自愿服务的个人就没有奉献精神。相反，有的人之所以没有自愿提供服务，可能仅仅是因为在校外有要事缠身，而这些事情在某个时间点需要优先处理。每位教育者都曾有过工作必须让位于个人生活的经历。最可能的情况是，领导团队的成员是那些将工作放在第一位的人——至少目前是这样。

第二，确立健全的行事准则和协议至关重要。领导团队会有一种"合作方式"，并将其发展为无意中发现的或精心设计的职责。健全的行事准则有助于确保团队合作的方式是富有成效的，而不是破坏性的。当变革（尤其是二级变革）过程中发生可预测的冲突时，团队应当遵照准则行事。因此，行事准则应该是广泛且有力的声明，反映价值观或"真理"，超越那些在高压之下或冲突时期妨害团队合作的分歧。我们发现了以下行之有效的行事准则。

- 重要性。我们需要解决"重要的问题"，从而对学习和实践产生深远而广泛的积极影响。根据目标和新出现的问题，不断地审视新工作和现有工作，以便适当地集中资源。

• 质量。我们的工作和方法体现最高的职业标准，能够经受严格的审查，展示最先进的实践。我们自查自省，对流程和结果负责，力求持续改进。

• 责任。我们为公共利益服务，对从事的工作、做事的方式以及彼此的互动负责。我们的最终目标是识别、开发和分享信息与技术，提升学生的学习效果。我们评估我们的工作，并欢迎直截了当、真心实意的反馈，这样我们可以从中学习、成长，从而与服务对象的需求保持一致。

• 正直。我们努力打造并维护信任、尊重和具有共同价值观的环境。以公平和恭敬的态度对待彼此和所服务的人。我们的言行支持着我们，让我们成为渴望成为的人，并实现既定目标。

• 职业道德。我们的工作和方法体现公平、公正、富有同情心和洞察力。这使所有学生以及为他们提供服务的人获得成功的机会，不因种族、文化、地域、社会经济地位或纪律而受到不良影响。

• 开放。我们的决策过程对内对外均保持透明。这意味着教职工和所在社区都有机会了解我们的所有决策以及决策过程。为了扩大教育知识的基础，我们定期对内对外交流重要知识和学习情况。

在确定行事准则的同时，领导团队的所有成员之间必须正式达成一致，确保这些原则具备可操作性。另外，协议应该是团队成员对彼此做出的承诺，描述了非领导团队的成员能够观察到的行为。其中一项应该指明团队成员彼此遵守协议的重要性。

第二步：在领导团队内部分配责任

领导团队建立后，下一步就是在团队内部分配12项责任。这并不意味着校长无须履行这些责任。相反，这12项责任可以被视为是领导团队的共同工作，校长是作为其中的关键成员发挥作用。以下解释了领导团队是如何履行其中几项责任的。

"了解课程、教学和评估"包括获取并积累关于课程、教学和评估最佳实践的知识。与任何单打独斗的个人相比，由一群恪尽职守的人组成的团队能更好地履行这项责任，这种说法不无道理。例如，在领导团队中，安排不同的成员负责学习不同主题的现有研究和理论。一些成员重点关注课程部分，一些关注教学部分，还有一些关注评估部分。团队主要负责人可以选择其中一个主题重点学习，但是只有集体努力才能学完全部内容，从而全面地履行这一责任。

如第4章所述，"了解课程、教学和评估"侧重于知识的获取，而"参与课程、教学和评估"则涉及与教师的实际互动。这项责任表现为直接参与日常的课堂实践。同样，领导团队也要对履行这一责任涉及的工作进行分配，一些成员为希望在课程问题上得到帮助的教师提供支持和指导，一些成员主抓教学，另一些则主抓评估。

"灵活"指使领导风格适应当前形势需要的能力和意愿。这项责任的特征之一是能够保持组织内部所谓的"楼厅思维"。海费茨和林斯基用以下方式解释了楼厅思维的动态性：

> 离开舞台，登上楼厅。领导力是即兴的，没有脚本。一方面，有能力的领导者必须对正在发生的事情马上做出反应。另一方面，领导者也须能够后退一

步，从更广泛的角度评估正在发生的事情。我们称之为从舞台到楼厅。这个隐喻或许是原创的，但这一观点早已有之。几个世纪以来，宗教传统一直在教导人们如何在行动中反思。耶稣会士称之为行动中的"沉思"。印度教徒称之为"业瑜伽"。我们称之为"登上楼厅"，因为人们很容易联想到这个隐喻。宗教传统之所以长期对此加以谈论，原因是人们很难做到这重要的一点……在行动中很难做到后退一步，扪心自问：到底发生了什么？谁是这个问题的关键？他们给这个问题带来了什么风险？如何根据事情的发展重新衡量利害关系，从而改进做事方式？

海费茨和林斯基进一步强调，楼厅思维对个人来说是很难实现的，他们多次引用宗教传统对此加以说明。不过，作为一个恪尽职守的群体，领导团队完全有能力实现。具体来说，领导团队会定期提出这样的问题：当前我们面临的首要问题是什么？我们最大的弱点是什么？最大的优势是什么？领导团队的下一个最佳行动是什么？在不同的情况下，领导团队可能会得出不同的结论：例如，必须对教职工关心的问题采取更加开放的立场。又如，必须重申学校的共同理想和信念。再如，应该暂时允许出现一定程度的骚乱。

简而言之，21项职责中的12项可以通过领导团队得到有效分配。第123—124页表7.1列出了领导团队分配12项责任时可以采取的措施。

第三步：选择正确的工作

第6章中介绍了学校选择正确工作的重要性。学校领导可以很好地打造"有目的的社区"，进而组建强有力的领导团队。但是，如果在领导团队的指导下，学校没有选择开展可能提高学生成绩的工作，那么校长、领导

责任	领导团队的行为
表7.1　领导团队的责任分配及行为	
监督/评估	● 通过多种策略对课堂实践和学生学习提供反馈（如课程学习、学生工作、观察和团队计划）。 ● 确保教授了安排及预期的课程（如通过观察、团队计划和学生工作）。
了解课程、教学和评估	● 确保职业发展关注课程计划中的教学和评估实践。 ● 用非正式的方法（如观察、调查、学生作业、需求评估）获得所需的知识。
参与课程、教学和评估	● 开发和打造有效的课程设计技巧，包括： （1）如何有效地传达学习目标；（2）如何帮助学生获取和整合知识； （3）如何帮助学生练习和复习知识；（4）如何判断学生是否学到了知识。
专注	● 就学生期望和实现既定目标所需付出的努力达成共识。 ● 向教职工传达目标，并在有关学生成绩的讨论中，以正式和非正式的方式强调该目标。
智力激励	● 使用通过领导团队"鱼缸"展示的学习小组，激发对重点目标研究的探究和反思。 ● 与同伴交流时所使用的语言展示出对学生学习研究的了解与尊重。
灵活	● 以直接、公开和透明的方式回应员工提出的问题和疑虑。 ● 建立支持教师完成变革的机制。 ● 检查领导团队的实践并做出必要的改变。 ● 需要时支持校长采取更直接的领导风格。
资源	● 根据教学重点分配资源，保持工作透明。 ● 确定教师学习的年度优先事项。 ● 为教职工提供与学校的重点和使命相一致的发展机会。
权变奖励	● 支持基于表现而非资历的相关政策和实践的推行。 ● 以正式或非正式的方式，表彰所做工作与学校的既定宗旨和目标相一致的人。

责任	领导团队的行为
外联	• 与社区积极沟通学校的相关事宜。 • 让家长参与对他们有意义的相关活动。 • 收集有关家长和社区对学校态度的数据。分析结果并设计适当的方案。 • 通过媒体和管理部门宣传学校的成就。
纪律	• 为了不干扰教学时间，针对课程安排确立一致的政策和程序。 • 形成沟通的惯例，最大限度地减少或消除对课堂教学的干扰。
推动变革	• 以身作则，树立"能行"的态度；制定有关支持举措的协议，比如"不要贬损变革"。 • 分析变革举措，确定对不同利益相关者的影响。 • 引导结构化对话，确定人们的基本假设、价值观和信念。 • 提供造成现状及未来之间紧张关系的数据。 • 评估变革程度，明确舒适和不适的水平。
秩序	• 帮助校长执行例行程序。 • 确定提高现有例行程序有效性的方法。

团队和整个学校的努力都将是徒劳的——至少在学生的学业成绩方面是如此。这一步骤很重要，它就像一艘帆船，载着游客游览那些既有趣又有教育意义的港口。船长可以组织一批优秀的船员，分配船上的事务。但是，如果船长和船员根据自己的职责选择了错误的目的地，他们的工作就不会取得理想的结果。

在学校里，"理想的结果"通常与学生的学业成绩有关。我们在第6章确定了39个行动步骤，这些步骤可以被视为学校的正确工作。第126—127页表7.2回顾了这39个行动步骤。

为了确定学校的正确工作，可将表7.2中的39个问题提交给所有教职工。为此，《什么在学校里起作用》一书介绍的模型包含一项在线调查，让学校教师对39个行动步骤下的多个项目做出反馈。截至2004年，有2000多所学校在教职工中开展了此项调查。教师和管理者就每个项目回答了以下问题：

- 我们参与此行为和解决此问题的程度如何？
- 我们在实践中做出的改变能在多大程度上提高学生的成绩？
- 我们需要付出多少努力来大大改变关于这个问题的做法？

第一个问题是，按照行动步骤，学校做得如何。第二个问题是，如果学校在这一项中提到的问题有所改进，那么学生的成绩会提高多少。第三个问题将在下一节予以讨论。现在，我们来谈一谈如何利用前两个问题确定学校的正确工作。

请看表7.2中的第2点。这一点讲的是在可用的教学时间内，教师能否充分讲解授课内容。最近的一项分析基于来自2000所学校参与的《什么在学校里起作用》调查中收到的反馈。其中，教师通常对学校在这一项上的表现评价很低——他们认为自己没有足够的时间来充分讲解授课内容。但是，就提高学生在校成绩的程度而言，教师通常对这一项的评价很高。正是这两种反应模式的融合提示学校下一步最好开展哪项工作。无论表7.2中的行动步骤是以正式调查的形式在教师群体中开展，还是仅在教师会议上略加讨论，通过确定学校在哪些方面表现不佳，又需要改进哪些方面来提高学生的学业成绩，都有可能清楚地了解学校应当开展哪些正确工作。

第四步：确定所选工作的量级

第三步应当确定要关注的具体工作领域。理想状态下，明确的工作是下一步学校为了提高学生学业成绩可以采取的最有力行动。确定下一步行

	表7.2　确定"正确工作"的模型	
	因素	**行动步骤** 学校下一步要做的最佳工作是……吗？
学校层面	有保障且切实可行的课程计划	1.确定并讲授对所有学生来说是重要的，而非补充性内容 2.确保在可用的教学时间内讲授基础知识 3.确保教师讲授基本内容 4.保障教师的教学时间
	富有挑战性的目标和有效的反馈	5.实施评估和记录保存制度，就每位学生相关科目的知识和技能习得情况提供及时反馈 6.为全校制定具体且富有挑战性的目标，并进行监督 7.为每位学生制定具体且富有挑战性的目标，并进行监督
	家长和社区的参与	8.建立学校、家长和社区之间的沟通平台 9.提供多种方式让家长和社区参与学校的日常运作 10.制定允许家长和社区成员参与的管理方法
	安全有序的环境	11.建立规则和程序，解决可能由学校的外在特征或常规惯例引起的行为问题 12.在全校范围内建立一般行为规则和程序 13.确定并执行违反规则和程序要承担的相应后果 14.打造教育学生自律和责任感的课程项目 15.建立一套系统，能够及早发现极有可能做出暴力和极端行为的学生
	分权和职业精神	16.建立催生分权和合作的行为规范 17.建立管理结构，允许教师参与学校的重大决策和政策制定 18.组织有意义的教职工发展活动

	因素	行动步骤 学校下一步要做的最佳工作是……吗？
教师层面	教学策略	19.为教师提供一个教学框架，使其能够运用以研究为基础的教学策略设计教学单元
	课堂管理	20.让教师阐明并执行一套全面的课堂规则和程序 21.让教师利用具体策略强化得当的行为，识别不当行为，并提出要承担的后果 22.制定适用于全校的纪律守则 23.帮助教师在管理学生时在主导与合作之间实现平衡 24.使教师了解不同学生的需求以及应对这些需求的方法 25.让教师使用具体策略，保持或提高对学生课堂行为的关注 26.使教师采用具体策略，在面对学生时保持健康、客观的态度
	课堂课程设计	27.让教师确定待讲主题的重要知识和技能 28.让教师以灵活多样的活动多次呈现新内容 29.让教师区分哪些技能和程序需要学生重点掌握、哪些技能和程序只需简单了解 30.让教师运用能够展示知识重要特征的分组法或分类法授课 31.让教师引导学生参与需要以多种方式处理课程内容的复杂任务
学生层面	家庭环境	32.为家长提供培训和支持，以增强他们就学校问题与孩子沟通的能力、监督孩子的能力以及用有效的教育方式向孩子传达期望的能力
	学习智力和背景知识	33.让学生参与能直接提升他们现有生活经验数量和质量的活动 34.让学生参与强调提升词汇量的广泛阅读活动 35.就特定主题的重要术语和短语开展直接教学
	学习动机	36.学生习得知识后，为他们提供反馈 37.为学生提供具有内在吸引力的任务和活动 38.为学生提供创建并从事自己设计的长期项目的机会 39.向学生介绍由动机引发的动力，以及这些动力如何影响他们

资料来源：改编自《什么在学校里起作用》，作者：罗伯特·J. 马扎诺，版权所有 ©2003 ASCD。

动后，领导团队要考虑变革的量级。要想确定某项新方案的变革量级，困难之一便是，一个人的一级变革可能是另一个人的二级变革。

判断属于哪个级别的变革属于内部事件，由人们对创新建议的反应来定义。一次变革被视为第一级还是第二级取决于看待变革的个人或群体的知识、经验、价值观和灵活性。表7.3列出了通常情况下一项新方案是被视为一级变革还是二级变革的决定性特征。

表7.3　一级变革和二级变革的特征	
一级变革	二级变革
• 被视为是过去的延伸	• 被视为是与过去的决裂
• 符合现有模式	• 在现有模式之外
• 符合主流价值观和规范	• 与主流价值观和规范冲突
• 可以使用现有的知识和技能加以落实	• 需要学习新知识和新技能
• 需要为新方案的实施者提供目前可获得的资源	• 需要为新方案的实施者提供眼下无法获得的资源
• 可能因为大家一致认为有必要实施新方案而被接受	• 可能因为只有对学校发展有宏观设想的教职工才认为有必要实施新方案而被抵制

我们以摒弃传统报告单、采用标准报告单的改革方案为例来说明表7.3中描述的特征。具体而言，表7.2中的行动步骤5强调实行评估和记录保存制度，就每位学生相关科目的知识和技能习得情况提供及时反馈。该行动步骤的一种表现就是表6.3所示的标准报告单（见第098页）。根据个人观点，一些员工认为这个新方案属于一级变革，而另一些则将其视为二级变革。

　　表7.3中的第一个特征是所提议的变革被视为过去的延伸或与过去的决裂。也许学校里的某位老师已经尝试以基于标准的方式向学生汇报了几个学期甚至几年。因此，对她来说，将学校报告单改成表6.3中所示的那样，是经验的延伸，是合乎逻辑的下一步。但是，对于同所学校的另外一位老师来说，他没有经历过新的报告系统，新的报告单并不是过去的延伸。这位老师会将新报告单视为二级变革。

　　表7.3中的第二个特征是认为创新符合现有范式的程度。为了说明这一特点，让我们以学校中的另外两人为例，他们都是副校长。其中一人可能认为，学校教师强烈赞同不仅要将标准作为学校报告系统的导向，也要作为课程设计和各类考试设计的导向。事实上，这位副校长可能会定期与持有类似观点的教师互动。对他来说，这种新的报告单很适合现有的教育模式——这属于一级变革。而第二位副校长系统地同一群教师互动，而这些教师认为各项标准对于学校的运转和教师的教学自由来说是一股破坏性力量。这位副校长会将这种新的标准报告单视为是对现有模式的巨大背离——这属于二级变革。

　　表7.3中的其他特征也是如此。根据个体赋予创新的特征，个体会判断创新在本质上是一级变革还是二级变革。在学校里，不同的个体或群体会给创新赋予不同的特征。因此，对于学校里不同的群体来说，与创新相关的变革量级是不同的。那么，学校领导者和领导团队如何确定变革建议的量级大小呢？可以尝试以下两种方法。

　　第一种方法是确定人们对创新难度的看法。根据直觉，被视为是二级变革的方案比被视为是一级变革的难度更大。在《什么在学校里起作用》调查中的第三个问题便讨论了这一点。这个问题是：我们需要付出多少努力来大大改变关于这个问题的做法？一些教职工表示要极大地改变学校做法需要付出巨大努力，那么对于这些人来说，这个创新很可能是二级变革。另一些教职工表示不需要付出什么努力，那么他们会将这个创新视为一级变革。

第二种方法更直接，它是表7.3中特征的简单延伸。具体来说，校长和领导团队对于已经选好的工作可以提出以下问题：

- 新工作是否是过去工作合乎逻辑和增量式的延展？
- 新工作是否与教师和管理者的现有范式相符？
- 新工作是否同主流价值观和规范一致？
- 创新是否可以通过教师和管理人员现有的知识和技能来实施？
- 创新是否可以利用现在可以轻易获取的资源来实施？
- 大家是否一致认为创新是必要的？

如果校长和领导团队得出结论，认为大多数员工对大多数问题的回答都是否定的，那么就能充分证明，所选的新工作在量级上属于二级变革。

第五步：使管理风格与变革方案量级所属的层次相匹配

第四步的结果是，领导团队和校长恰当地表明了所选的新工作属于一级变革还是二级变革。正如我们所知，领导力在一级变革和二级变革方案中看起来颇为不同。

应对一级变革

一级变革需要关注全部21项责任。正如第一步所描述的，为了创建"有目的的社区"，校长必须至少承担其中的9项责任。这些责任如下：

- 优化

- 肯定

- 理想/信念

- 可见

- 态势感知

- 关系

- 沟通

- 文化

- 集思广益

　　学校领导者必须坚持有效地执行这9项责任，不仅要打造"有目的的社区"，而且要支持一级变革方案。这并不是说，领导团队就不能参与有效执行这些责任，将其作为支持校长的一种方式。

　　为了说明领导团队如何提供此类支持，让我们简单谈谈其中几项责任。回顾第一步，校长坚信，在充满凝聚力的团队中，成员可以带来实质性的改变。校长正是通过这样的方式，来执行"优化"责任。领导团队可以通过确定可以充分发挥教职工优势的任务来支持校长履行这一责任。为了履行"肯定"责任，校长可以在每次教职工会议上花些时间来表彰学校整体和个人的成就。领导团队可以为校长提供必要的协助，系统地收集有关集体和个人成就的例子。简而言之，领导团队可以对校长负责的9项责任提供切实的支持。表7.4列出了协助校长履行责任时领导团队可以采用的其他方式。

　　除了支持校长履行责任，领导团队还应该持续关注其自身的12项责任（见第123页表7.1）。简单来说，一级变革方案需要重视所有21项责任。如第5章所述，这是学校日常运行的必要组成部分。

应对二级变革

二级变革需要不同的领导方式。第5章提到，有7项责任是有效领导二级变革的关键，即：

- 了解课程、教学和评估

- 优化

- 智力激励

- 推动变革

- 监督/评估

- 灵活

- 理想/信念

这些责任在二级变革和一级变革中的定义略有不同。

一级变革中，"了解课程、教学和评估"指对课程、教学和评估最佳实践的理解。二级变革中，这一责任指理解所选变革方案如何影响现有的课程、教学和评估。例如，某所学校已经决定制定标准报告单。领导团队判断出教职工认为这一新方案属于二级变革。为了有效履行该责任，学校领导者会仔细研究新的报告单会如何影响现有课程。领导者可能会发现，目前包含课程大纲的课程在设置授课内容上给了教师很大的自由度，他们可以自行增减内容。采用标准报告单会大大降低这种自由度，因为教师必须上报学生对特定知识和技能的习得情况，自然也必须在课堂上讲授这些特定内容。实际上，新的报告单会将课程标准化，并影响授课教师的教学和评估方式。了解新报告单可能对课程、教学和评估产生的影响，对于制定确保创新能够取得成功的策略而言十分重要。

一级变革中，"优化"责任包括在学校带来普遍的积极影响。二级变革

责任	领导团队的行动
表7.4 支持校长履行9项责任的领导团队行动	
优化	• 重视教职工的优势，安排其从事与优势相匹配的任务。 • 表彰成就。 • 用数据展示实现目标的进度。
肯定	• 建立经常性认可并表彰成就的组织结构。 • 抽空参加员工会议，分享和表彰个人和全校的学习成就（成功和失败）。 • 让家长和社区知晓学生取得的成绩。
理想/信念	• 就学校的使命、愿景和宗旨达成共识。协助校长将所秉持的信念转化为可观察到的行为。 • 主导不同学科教学理念的确定。 • 行动未能体现既定目的、目标和共识时，提出战略性问题。
态势感知	• 让校长知晓学校内部和学校所在社区的看法。
可见	• 支持校长保持可见性：邀请校长走进教室；在课堂上建立与校长相处融洽的理念；邀请校长定期与学生小组合作。 • 保持在学校的高度可见性，鼓励在课堂内外与学生频繁接触。
关系	• 与校长携手努力，认可教职工的职业成就；庆祝高级学位、专业荣誉等的授予。 • 了解教职工的人生大事，如生日、结婚和生孩子等。 • 推广充满关怀的文化和办事惯例，支持教职工应对个人挑战，履行与家庭和育儿有关的校外义务。
沟通	• 协助实施确保教职工间信息畅通的做法，例如每日公告、公共网页、教师会议期间的专业知识分享、共同规划时间等。 • 展示建设性的争论和解决问题的技巧。 • 展示积极沟通的范例；以学习为中心进行对话。
文化	• 展示合作和凝聚力；成为所期望的组织文化的推动者。 • 监督学校的氛围。 • 引导结构性对话，探讨学校的目标和愿景。
集思广益	• 展示以积极的方式提出意见。 • 提出决策和行动是否与学校目标一致等战略性问题。 • 积极寻求教职工的意见。 • 确保所有意见都能得到处理。

中，"优化"的作用则更为集中和强烈。学校领导者必须愿意成为变革方案背后的驱动力，并为其成功表明立场。例如，对于标准报告单，学校领导者会系统强调它的潜在好处，还会明确表示将尽其所能确保新报告单的成功推行。

一级变革中，"智力激励"包含通过阅读和讨论加深员工对最佳实践相关研究和理论的了解，重点十分广泛。二级变革中，重点则是正在实施的创新举措。这种情况下，阅读和讨论将侧重于标准报告单，其主旨是激发教师对创新的求知欲。

"推动变革"责任对二级变革的重要性也不言自明。一级变革中，这一责任主要是挑战存在已久但未经检验的学校实践，目的是激发新的想法以供未来参考。二级变革中，其重点则转向激发教职工尽力而为。这种重点的转移是非常必要的，因为从定义上看，学校已经采取了要求教师和管理者各尽其能的变革方案。

一级变革中，"监督/评估"责任指总体上追踪学生的学习情况。如果成绩趋势表明学生没有学习，就会对课程、教学和评估进行调整。二级变革中，这一责任则指仔细监控创新带来的影响。标准报告单一例，这包括检查新报告单对学生学习的影响，以及对课堂实践产生的作用。

和"推动变革"责任一样，"灵活"责任对二级变革的重要性也显而易见。由于二级变革方案具有不确定性，学校领导者需要根据当前形势调整领导风格，这一点尤为重要。有时，恰当的领导行为指提供信息或灵感；有时，则指不提供任何信息或指导，而是让教职工的动力自行发挥作用。

最后一个二级变革中的重要责任当属"理想/信念"。正如第一步所讲，明确关乎学校教育本质和办学目标的共同理想和信念对于建立"有目的的社区"至关重要。二级变革中，重点缩小了，因为领导者解决了已定创新举措与共同理想和信念的一致性问题。然而，在二级变革方案的实施过程中难免会经历阵痛，教职工因此很容易忘记当初选择支持某项举措的原因是它与自己的理想/信念相符。标准报告单之所以被采用，是因为它以共同的信念为基础：学校能够认识每位学生具体的优点和缺点。履行"理想/信念"责任时，学校领导者在相关讨论中应努力保持这种理性认识。

我们已经描述了学校领导者在二级变革中的7项重要责任，而领导团队可以在履职过程中予以分担。表7.5列出了团队可以实施的具体步骤。如第5章所述，二级变革不仅强调了这7项责任，还包含了一种可能的看法：与"文化""沟通""秩序"和"集思广益"等4项责任相关的事项已经受到不良影响。

一级变革中，"文化"指办学过程中产生的一种团队精神和合作氛围。这包括创造和使用关于教学、学习和办学的共同语言。二级变革中，部分或许多教职工可能认为这些要素已被损害。例如，若学校采用标准报告单，部分教职工可能认为这一做法削弱了团队精神。此外，他们可能还会认为自从采用了标准报告单的新术语，以前学校特有的共同语言受到了影响。

"沟通"责任指为教职工建立对内对外的清晰沟通渠道。尽管这些沟通渠道依然畅通，但在二级变革中，部分教职工会认为创新阻断了信息的流动。那些认为标准报告单极大地背离当前教学实践的教职工，可能会顺理成章地认为他们很少或根本没有机会表达担忧。

表7.5　对二级变革至关重要的领导团队的责任和行动	
责任	领导团队的行动
了解课程、教学和评估	● 就推行创新举措与教职工单独合作。 ● 关注有关创新的教职工发展机会。
优化	● 积极评价创新举措。 ● 介绍其他学校成功实施创新举措的例子。 ● 表达创新会提高学生成绩的坚定信念。 ● 认清创新过程中的障碍与挑战。
智力激励	● 在谈话中加入关于创新的研究。 ● 提出引发教师反思创新实践的问题。 ● 围绕当前的创新实践发起讨论。
推动变革	● 提出与创新相关的成就问题。 ● 分享其他学校实施创新的相关数据。 ● 比较学校在实施创新方面的现状和需要达到的水平。 ● 就创新表现出"对模糊的包容"。
监督/评估	● 查阅与创新相关的形成性评估和总结性评估。 ● 开展与创新相关的课堂演练。
灵活	● 根据改革进程和形势不断调整计划。 ● 在创新上使用情境领导。 ● 使用允许对创新提意见的协议，避免陷入无休止的讨论。
理想/信念	● 在正式和非正式的对话中交流与创新相关的理想和信念，并通过行为进行示范。 ● 确保创新实践与共同理想和信念相一致。 ● 当行动未能体现既定目的、目标和共识时，提出战略性问题。

"秩序"责任指建立程序和例行规范，为教师和学生提供可预测性。对于这一责任的看法可能会在二级变革中被削弱，这也是能说得通的。传统的做事方式已经被打乱。即便是"旧"报告单不如"新"报告单实用，但旧的至少不陌生。不熟悉感通常会带来不确定感。

最后，"集思广益"责任很可能会因二级变革受到影响。虽然教职工曾经觉得他们的声音可以被倾听和重视，但是随着创新举措的推行，一些人会觉得情况不再如此。

需要强调的是，对于这4种责任的看法仅仅是"看法"而已。然而，对于那些持有这些看法的人来说，这却是现实。

学校领导者可以采取的方法是坦然面对这场风暴——容忍一些教职工被剥夺权利的事实。这个建议不无道理。意识到校内一些教职工会对某次二级变革感到不满，会让学校领导者感受到自由。与其让所有教职工都感到舒适，倒不如一门心思致力于增加变革方案成功的可能性。学校领导者应意识到不和谐的声音是无法避免的。

更为主动的做法是，要求领导团队成员重视可能遭到二级变革方案破坏的责任。也就是说，当学校领导者不便约谈那些认为学校文化已经衰退的教职工时，领导团队成员可以代替其行事。他们可以单独会见那些失去权利的教职工。相关会议上，领导团队成员可以仅仅扮演倾听者，以便充分了解和尊重教职工的担忧。团队成员还须将这些担忧全部转达给校长。简而言之，领导团队可以充当二级变革方案的亲善大使，架起教职工与管理者之间的桥梁。

表7.6列出了针对二级变革中经常遭到破坏的4项责任，领导团队可以采取的其他行动。

表7.6 二级变革：易受破坏的责任和切实有效的行动	
责任	领导团队的行动
文化	<ul><li>不断提醒同事该倡议的愿景及其重要性。</li><li>展现一种"同舟共济"的态度。</li><li>在创新的实施过程中，找到可以作为共同基础的一致观点。</li><li>在员工会议上，以小组形式就创新如何推进学校的共同愿景以及如何契合共同目标提出明确的想法和联系。</li><li>根据教师对举措的响应情况，为其提供差异化支持。</li><li>创造机会，让教职工畅谈变革及其影响。</li></ul>
沟通	<ul><li>在教职工会议和团队会议上探讨分歧和争论。</li><li>调查同事的问题和担忧，并交由领导团队解决。</li><li>与校长一起制订过渡计划，预测各种反应，并尝试采取积极的措施。</li><li>将过渡计划传达给所有利益相关者。</li><li>建立统一战线：就一贯且统一的信息达成共识。</li><li>强调这样一个事实，即当创新变得更加明确和制度化时，事情将趋于稳定。</li></ul>
秩序	<ul><li>设计有效的决策程序、问题处理工具和冲突化解工具。</li><li>制定有效的调解策略。</li><li>传达这样一个事实，即创新将在某种程度上打破既定的常规。</li><li>在使用程序的过程中保持一致，建立稳定感。</li><li>积极制定和实施操作程序。</li></ul>
集思广益	<ul><li>经常与小组会面，听取担忧并做出回应。</li><li>积极寻求教职工的意见。</li><li>对于新举措，努力争取"所有权"而非只是接受。</li><li>与校长共同提供多种机会来开诚布公地讨论创新。</li><li>帮助教职工了解变革的各个阶段及其影响。</li><li>准确传达提意见影响决策的方式。</li><li>明确决策和提意见之间的差异。</li></ul>

小结和结论

本章提出了有效的学校管理的五步计划，其依据是前几章中提到的研究和理论。第一步是在"有目的的社区"的基础上建立学校领导团队。第二步将21项领导责任中的12项分配给领导团队成员，将9项分配给校长。第三步通过《什么在学校里起作用》的框架提出了39个行动步骤，确定了学校的"正确工作"。第四步则分析相关工作，进而确定对教职工而言其属于一级变革还是二级变革。第五步需要使恰当的领导行为与所选工作的量级相匹配。

结　语

本书中，我们介绍了研究成果，并尝试将所得发现转化为具体的计划，使学校领导者无论是否经验丰富均能使用这一计划提高所在学校的学生成绩。我们希望这个以35年研究为基础的计划可以被视为一个有用的工具。

也许比采用上述计划更为重要的是，校级和区级的教育领导者能否抓住机会，通过高效和精心的领导，对学生的成绩产生深远影响。记忆中，我们从未像今天这样迫切地需要卓有成效的领导。随着社会和职场对有知识、有技能、有责任感的公民之需求越来越大，学校的压力也越来越大。在一个要求每个人都竭尽全力的世界中，"不能让一个孩子掉队"的期望不可能消失。

社会对真正有效的教育领导的需求十分巨大。提升办学质量迫在眉睫。我们应当抓住机会引领变革。正如本书所言，我们认为，对学校有效性做出重大积极改变所需的知识已经具备。唯一剩下的就是行动。我们希望本书内容能够帮助校长和其他人将他们的愿景和期望转化为计划，并将计划转化为行动，这不仅将改变我们的学校，更有可能改变世界。

技术说明

下面将介绍本书结论中采用的一些更为专业的分析方法。这些内容并不符合阅读顺序。更准确地说，把它们放到第1章到第7章的讨论背景下才有意义。这些说明是对研究主题的简要处理。如需了解更详细的分析，请参阅有关统计学和方法论的权威文章，如科恩（1988）；科恩和科恩（1975）；格拉斯、麦高和史密斯（1981）；格拉斯、威尔逊和戈特曼（1975）；亨特和施密特（1990a，1990b）；利普西和威尔逊（2001）；以及雷林（1992）。

技术说明1：根据双变量效应值（BESD）和因变量Z分数解释相关系数

针对一些关系的讨论贯穿全书。表1.1（第1章，见第009页）主要描述了学校的有效性和学生成绩之间的关系。我们还在书中多次强调了学校领导和学生成绩之间的关系。技术说明1旨在描述本书中变量之间关系的表征方式和解释方式。首先，让我们看一下"由预测变量解释的方差百分比

（PV）"的概念，这比较有用。

一般认为，预测变量（或自变量，如学校的有效性）相对于被预测变量（或因变量，如学生成绩）所解释的方差百分比代表了两者之间关系的强度。通常情况下，我们会使用一"组"自变量。例如，某项研究可能试图用（A）每位学生的付出、（B）教师队伍的质量和（C）校长领导力的质量这三者来预测学生成绩。自变量（A、B和C）作为一个整体，会在因变量（学生成绩）总方差中占有一定比例。用于判断自变量影响的指数（PV）等于由自变量解释的方差与因变量总方差的比值乘以100。

$$PV = \frac{\text{由自变量/预测变量解释的方差百分比}}{\text{因变量/被预测变量的总方差百分比}} \times 100$$

与PV密切相关的一个指数是相关系数，我们在技术说明4中对此有较为深入的讨论，此处仅略加说明。当一个因变量（如学生成绩）只有一个单一自变量（如校长领导力）时，两者之间的关系可以用r表示，r即皮尔逊积矩相关系数。当一个因变量有多个自变量（例如，每位学生的付出、教师队伍的质量和校长领导力的质量）时，这组自变量与因变量之间的关系可以用R表示，R即复相关系数。在这两种情况下，自变量在因变量中所占的方差百分比（PV）是通过相关系数的平方（r^2 或 R^2）乘以100来计算的。简而言之，PV与单变量和多变量的相关系数之间存在着强烈的概念联系和数学联系。

尽管 r^2、R^2 和PV的使用很普遍，但它们作为自变量和因变量之间关系的指标，一直备受批评。亨特和施密特解释称：

> 所占方差百分比在统计学上是正确的，但实质上是错误的。它会导致我们严重低估变量间关系的实际意义和理论意义……所有表示效应值的方差百分

比的问题是，在方差中占比很小的变量往往对因变量有非常重要的影响。

亨特和施密特用詹森描述的能力与遗传之间的相关性对此加以说明。能力与遗传之间的相关系数约为0.895，这意味着大约80%（0.895^2）的能力差异是遗传的作用，只有20%的差异是由环境造成的（r=0.447）。那么，从方差百分比的角度来看，遗传对能力的影响与环境对能力的影响的比值大约是4∶1。然而，回归理论告诉我们，当因变量和自变量以标准分数的形式表示时，遗传和能力之间的相关性（H）以及环境和能力之间的相关性（E）（剔除遗传影响后）类似于根据遗传因素和环境因素预测能力的线性方程中的回归加权。（在这个例子中，我们将假设遗传和环境是相互独立的。）使用上面的数字，这个方程将是：

预测的能力=0.895（H）+0.447（E）

这个方程式指出，遗传因素增加一个标准差，能力就会相应地增加0.895个标准差。同样，环境因素增加一个标准差，能力会相应地增加0.447个标准差。（我们随后会进一步解释这一概念。）这将在遗传和环境对能力影响的比值方面得出非常不同的结果。在这里，比值是2∶1，而从方差百分比的角度来看，比值是4∶1。

方差百分比的角度可能会产生误导性印象，这促使人们使用**双变量效应值（BESD）**。BESD是我们在本书中解释相关系数的两种主要方式之一。如罗森塔尔和鲁宾所述，为了使用BESD，自变量被划分成不同的两组。一组可能是实验组；另一组可能是对照组。同样，一组可能是在某些变量上表现出色的人；另一组可能是在同一变量上表现不佳的人。在表1.1（见第009页）的BESD插图中，自变量（学校有效性）被划分成两个不同的组。如果对学校的有效性进行排序，它们很可能属于正态分布。该分布的上半部分被认为是有效的学校，下半部分是无效的学校。同样，当采用BESD时，因变量也根据某种标准量度被划分为成功组或失败组。在表1.1中，因变量根据某种形式的成绩测试被定义为成功或失败。

使用BESD时通常的做法是假设因变量的成功率期望值为0.50。为了计算BESD，相关系数要除以2，然后再加上预期成功率或0.50（或从预期成功率或0.50中减去）。例如，如果自变量和因变量之间的r是0.20，那么0.20÷2=0.10。实验组或高分组中的研究对象在因变量方面的预期"成功"的比例计算为0.50+0.10=0.60。而实验组或高分组中的研究对象预期"失败"的比例是0.50–0.10=0.40。这些计算的相反形式用于对照组或低分组。罗森塔尔和鲁宾证明，在各组的规模和方差相等的前提下，当结果变量（因变量）为连续变量时，可以使用BESD作为治疗效果的真实和有用表征。

表TN1.1　假定的治疗方案在方差中所占的比例为1%时（r=0.10）相应的双变量效应值

	存活	死亡	总计
实验组	55%	45%	100%
对照组	45%	55%	100%

注：根据科恩1988年于新泽西州希尔斯戴尔市所著的《行为科学的统计功效》中的数据创建。标题中的r表示皮尔逊积矩相关系数。

科恩用一个医学的例子生动地说明了BESD的使用。这个例子见表TN1.1。该表举例说明了自变量（实验组或对照组成员）只占因变量方差1%（r=0.10）的情况。这里的假设是，自变量是某种治疗方案，它在治疗结果（存活或死亡）的方差中占1%。然而，在不同组别的存活（或死亡）的患者之间，这1%的解释方差可以转化为10个百分点的差异。科恩（1988）

指出：

> 例如，多数人都会认为0.45和0.55的存活率相差甚大（请注意，是存活！），但这个r=0.10的差异"仅占方差的1%"，在我的系统中这个数值在操作上被认定为"小"的效应……"死亡"往往备受重视。但这反过来又强化了这样一个原则：效应值只能在所涉及的实质性问题的背景下进行评估。相关系数为0.01时，r^2绝对值确实很小，但当它代表着存活率增加10个百分点时，它很可能被认为是大的。

阿贝尔森进一步强调了这一点。在分析了各种身体技能对职业棒球运动员平均击球数的影响后，他发现这些技能所占的方差百分比仅为0.00317，还不到1%的三分之一（r=0.056）。在评论该数值对于解释教育研究的意义时，阿贝尔森指出：

> 如果统计中确保方差百分比明显高于零，并且累积的可能性极大，人们便不应该轻视这些微小的数值。

最后，科恩（1988）告诫说："下次当您读到'所占方差百分比只有X%'时，请记住阿贝尔森的话。"

本书中常用的相关系数的第二种解释是预测意义上的——一个变量的表现能在多大程度上预测另一个变量的表现。在上面的例子中，涉及的自变量不止一个。当涉及一个单一自变量时，预测方程的一般式可以表述如下：

（因变量Z分数）=（自变量Z分数）×（相关系数）

为了解释这个方程，必须先了解Z分数的概念。Z分数是原始分数向标准差单位的转换。Z分数为1.00表示给定的原始分数比分布平均值高一个标准差；Z分数为2.00表示给定的原始分数比平均值高两个标准差，以此类推。Z分数有用的一点是，它们可以很容易地转化为单位正态分布上的百分位数。Z分数为0.00表示一个人处于第50百分位；Z分数为1.00表示一个人处于第84百分位；Z分数为-1.00表示一个人处于第16百分位。通过查阅单位正态分布表可以实现这些转换。

从上面的公式中，我们可以看到，因变量的Z分数可以通过自变量的Z分数乘以相关系数计算得出。例如，我们假设某所学校的校长领导能力与该校学生的平均成绩之间的相关系数为0.25。利用上述公式，如果知道一所学校在校长领导行为方面的Z分数，我们就能够以Z分数的形式预测该校的平均成绩。例如，假设某所学校在自变量"校长领导行为"上的Z分数为1.00。由于已经计算得出校长领导行为与学生成绩之间的相关性为0.25，我们根据该公式将校长领导行为的Z分数1.00乘以0.25。因此，校长领导行为的Z分数为1.00的学校，其学生平均成绩的Z分数为0.25。

预测公式还表明，如果自变量上的Z分数为0.00，那么换算成因变量上的Z分数也是0.00。换句话说，若学校在自变量上有平均分，估计在因变量上应该也有平均分。这使我们能够推测随着自变量的变化，因变量会产生怎样的变化。举一个最简单的例子，假设学校在自变量和因变量上都从第50百分位开始（Z分数为0.00）。同样，领导能力和学生成绩之间的相关系数为0.25。根据预测方程，如果自变量上的Z分数为1.00，则相应因变量上的Z分数应当为0.25。因此，我们可以得出以下推论：如果校长领导行为的Z分数从0.00提高到1.00，则相应的学校学生平均成绩的Z分数应当从0.00提高到0.25。将此转化为百分位数，可以判断，如果自变量增加一个标准差，则相应的因变量将从第50百分位增加到第60百分位，因为0.25的Z分数代表单位正态分布的第60百分位。需要注意的是，本书描述领导行为的提升和学生成绩的提高之间的关系时，我们一直使用"相应"这个词。两个变量之间的相关关系并不能证明这两个变量之间的因果关系，尽管这种关系也有存在的可能。

技术说明2：预估处于第99百分位的学校表现

马扎诺就处于第99百分位学校的预计影响做出了解释。简而言之，为了确定处于分布表第99百分位的学校对学生的影响，假设学校的有效性呈正态分布。我们还假设，平均而言，学校占学生成绩方差的20%，换算成r=0.447，即学校的质量和学生成绩之间的平均相关系数为0.447。根据史润斯和博斯克的研究，我们假设这种相关系数分布的标准差为0.1068。处于第99百分位的学校将比平均值高2.33个标准差。也就是说，处于第99百分位的学校的质量与学生成绩之间的相关性为0.694（0.447+2.33×0.1068）。使用BESD，这意味着在这些学校中，84.7%的学生会通过预计通过率为50%的测试。此外，只有15.3%的学生无法通过测试。

技术说明3：元分析的一般特点

一般来讲，可以说教育领域的许多研究都是为了回答以下问题：在这种情况下观察到的关系是代表真实的关系还是一种偶然发生的关系？这个问题中明确了两个要素：观察到的关系和偶然发生的关系。教育研究者研究了许多类型的关系——使用某项阅读计划与学生阅读成绩之间的关系，不同的教学风格与学生成绩之间的关系，等等。在学校领导力方面，教育研究通常侧重于校长的具体行为与学生成绩之间的关系。有很多用以表示这种关系的数学方法。我们的元分析中选用了相关系数。(关于相关系数的讨论见技术说明4。)我们开展的典型研究计算了样本学校中的校长领导能力和学生平均成绩之间的相关系数。

举例说明，假设某项研究涉及20所学校，且已计算得出这些学校的领导能力和学生平均成绩之间的相关系数为0.20。0.20的相关系数是上述"观察到的关系"的一个量化指标。上面提到的第二个重要概念涉及这种观察到的关系是否仅仅会偶然发生。为了解释上述第二个概念，研究人员将"检验"观察相关系数的"显著性"。请注意，下面对显著性检验仅做初步探讨，如需了解更为详细和高级的论述，请参阅哈洛、穆莱克和斯泰格尔的著作。

为了检验观察所得之相关系数的统计学意义，研究者首先要考虑被研究的两个变量之间不存在真正联系的可能性。这称为"零假设"。从相关性的角度来看，这相当于假设真正的相关系数是0.00。然后，研究者会问这样一个问题(打个比喻)：如果校长领导能力和学生成绩之间没有真正的关系(真实相关系数为0.00)，观察所得的相关系数为0.20的可能性有多大？这是一个重要的问题，因为即使真实相关系数是0.00，观察所得的相关系数确实可能是0.20。通过统计分析，研究人员可以确定在校长领导能力和学生成绩之间偶然得到0.20的观察相关系数的概率。如果这种相关性的发生概率不超过5%，那么研究者将否定不存在关系的零假设，并得出结论：校长领导能力和学生成绩之间确实存在着关系。另一种说法是，0.20的观察相关系数在0.05水平上是"显著的"。如果在零假设为真时计算所得相关系数为0.20的概率不超过1%，那么研究者就可以得出，相关性在0.01水平上是显著的，以此类推。

孤立起来看，单独的一项研究可以告诉研究者观察到的关系(在我们的例子中用0.20的相关系数表示）有多大概率会像上文中所说的那样偶然发生。然而，当研究局限于一项单独的研究时，很容易错误地判断观察所得相关系数的显著程度。更具体来讲，研究者进行一项单独研究时，得出观察的相关系数"不显著"的结论，而实际上它却是显著的，这种情况并不罕见。也就是说，一个研究者得出了不准确的结论，认为两个变量之间没有真正的关系，而事实上却有关系，这种情况并不少见。这是因为相关性的统计意义是由相关系数的大小（此处为0.20）和用于计算相关系数的样本量（在这里是20所学校）决定的。真实相关性越小，就越需要研究者选用更大的样本量才能得出"显著"的结论。

为了说明这一点，请看表TN3.1。该表为审视以20所学校为样本计算出的0.20的相关系数提供了一个有趣视角。从表TN3.1中可以看到，0.20的相关系数需要72个样本才能在0.05水平上被认为是"显著"的。换句话说，我们0.20的观察相关系数将被自动认为在0.05水平上是不显著的，纵然它实际上代表了这两个变量之间的真实关系。研究者将得出结论，校长领导能力和学生成绩之间没有关系（研究者将得出真实相关系数为0.00的结论）。但是，这可能是研究者的一个错误，完全是由于样本只有20所学校造成的。如果使用了72所学校，且观察相关系数的计算结果为0.20，它将被认为是有统计学意义的。

这种错误结论类型（又称II型错误）在学校领导力研究中非常普遍，主要是因为校长领导行为和学生成绩之间的相关系数较低，而且许多研究在研究校长行为和学生成绩之间的关系时都采用小样本。

元分析的本质有助于缓和上述情况。简单地说，元分析允许研究者整合多个不同研究的相关性，并从合并样本量的角度考察合并相关性的显著程度。举例说明，假设一位研究人员发现有3项关于校长领导能力与学生成

表TN3.1　在0.05水平上，得出"显著"结论所需的样本量（单尾）	
相关系数	所需样本量
0.16	102
0.17	92
0.18	82
0.20	72
0.21	62
0.23	52
0.24	47
0.26	42
0.27	37
0.30	32
0.32	27
0.36	22
0.37	21
0.38	19
0.40	18
0.41	17
0.43	16
0.44	15
0.46	14
0.48	13
0.50	12

注：图中显示的数字已做四舍五入处理。更为精确的数据请参考标准统计表，如唐尼和西斯（1965）的报告，第306页。

绩之间关系的研究，且这些研究计算出了观察相关系数，并使用了表TN3.2所示的样本量。

参考表TN3.1，我们看到，这些观察相关系数中没有一个在0.05水平上是"显著"的，鉴于所报告的相关性，这3项研究均未达到必需的样本量。具体来说，0.24的相关系数需要样本量达到47才能视为"显著"，0.32的相关系数需要样本量达到27才能视为"显著"，0.18的相关系数需要样本量达到82才能视为"显著"。但是，若使用元分析方法将这些相关系数和它们的样本量合并起来，我们发现，加权平均值为0.23，在0.05水平上是"显著"的。

这就是元分析的强大之处。它使得研究人员根据所有已完成研究的样本得出相关性结论，而无须一次又一次地做研究。实践中，它可以让研究人员发现有意义的关系，如若不然，仅仅依靠单项研究，这些关系永远不会被发现。请注意，这里仅对元分析简单做了讨论。如需了解更为详细和准确的处理方法，请参阅

表TN3.2 三项假设研究的相关系数和样本量		
研究	观察相关系数	样本量
1	0.24	23
2	0.32	20
3	0.18	36

利普西和威尔逊（2001）、赫奇斯和奥利金（1985）以及格拉斯、麦高和史密斯（1981）的文献。

技术说明4：元分析中计算相关系数的方法

我们开展元分析的基本目的是研究领导能力（在总体和具体两个层面）与学生成绩之间的关系。我们使用了相关系数作为两者关系的指数。具体而言，我们使用积矩相关系数来量化领导能力和学生成绩之间的线性关系。积矩相关系数的公式是：

$$r_{xy} = \frac{\sum Z_x Z_y}{(N-1)}$$

其中：

r_{xy}表示变量x和变量y之间的积矩相关系数；

Z_x=变量x上给定原始分数的Z分数或标准分数；

Z_y=变量y上给定原始分数的Z分数或标准分数；

N=集合中分数对的数目。（注意，上面的公式估计了总体相关性。当相关系数作为一组数据的描述性统计数值时，应当使用N－1而不是N作为方程分母。）

积矩相关系数可以描述为一对原始分数的Z分数的平均乘积。

如技术说明1所述，积矩相关系数的用途之一是根据一个人在一个变量上的已知分数预测其在另一个变量上的分数。预测方程式是：

$$Z'_y = r_{xy} Z_x$$

该方程指出，因变量的Z分数或变量y的标准分数（用撇号表示）等于x和y之间的相关系数乘以x的Z分数或标准分数。正如马格努松给出的解释：

> 若已知一个人在x上的观察标准分数（Z_x），以及x分布上的分数与y分布上的分数之间的相关系数，我们可以用Z_x乘以相关系数来预测一个人在y上的标准分数。

我们元分析中的许多报告都给出了积矩相关系数。然而，在有些情况下，积矩相关系数必须从现有数据中计算或推算出来。相关系数是在4种情况下进行计算或估算的。

1. 路径分析研究

路径分析研究试图对一组变量之间的关系模式进行量化。图TN4.1描述了一个路径图。图中的大写字母X、Y、Z、W、L和A代表一组相互关联的变量。例如，A可以是学生的成绩，L是校长的总体领导能力，Z代表校长对教学实践的了解，Y为校长的精力水平，X表示校长寻求变革的愿望，W指校长过去在变革过程中的经验。小写字母a、b、c、d、e、f、g、h代表路径系数，其数值介于−1.00和+1.00之间（以标准化的形式表示。相关讨论见洛林，1992）。假设上述路径系数的数值如下：

a = 0.25

b = 0.31

c = 0.41

d = 0.21

e = 0.13

f = 0.41

g = 0.31

h = 0.12

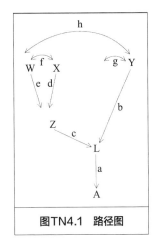

图TN4.1 路径图

这些路径系数类似于标准化偏回归系数。这些数值告诉我们，箭头尾部变量的变化可以在多大程度上转化为箭头头部变量的变化。由于它们是"标准化"回归系数，变量的变化以Z分数的形式表示。例如，路径系数a为0.25，表示如果L发生一个标准差的变化，则A会相应地发生0.25个标准差的变化。由于是"偏"回归系数，它们代表集合中的其他变量保持不变的情况下，一个变量对另一个变量的影响。

由于路径系数是由相关系数计算得出，因此它们可以用来重现先前用于计算路径系数的相关系数。简单地说，两个变量之间的相关系数是它们之间直接路径和间接路径的总和。直接路径涉及一个箭头，而间接路径涉及多个箭头。在重现相关系数时，必须遵循3条规则：

- 复合路径不能两次通过同一个变量。

- 路径不能先向前，再向后。

- 在任何给定的路径中，最多只能使用一个弯曲的箭头。

例，变量W和Z之间的相关系数是从W到Z的直接路径和从W到X再到Z的间接路径的组合。直接路径的强度是路径系数本身。因此，W和Z之间的相关系数可以用以下公式计算：

$r_{WZ} = e + fd$

使用如上所示的数值，计算过程如下：

$r_{WZ} = 0.13 + (0.41)(0.21)$

$\quad = 0.22$

2. 因子分析研究

因子分析研究的目的是在一组变量中发现潜在的或"隐藏的"特征。与路径分析研究一样，因子分析研究也使用相关系数。因子分析中采用的基本数学方程式是：

$r_{jk} = a_{j1}\,a_{k1} + a_{j2}\,a_{k2} + a_{j3}\,a_{k3} + \cdots + a_{jm}\,a_{km}$

其中：

r_{jk} = 变量j和变量k之间的相关系数；

a_{j1} = 变量j在因子1上的因子载荷；

a_{k1} = 变量k在因子1上的因子载荷；

a_{j2} = 变量j在因子2上的因子载荷；

a_{k2} = 变量k在因子2上的因子载荷；

a_{j3} = 变量j在因子3上的因子载荷；

a_{k3} = 变量k在因子3上的因子载荷；

a_{jm} = 变量j在因子m上的因子载荷；

a_{km} = 变量k在因子m上的因子载荷。

因子分析的主要结果是一个包含集合内变量的因子载荷的矩阵。如表

TN4.1所示。

根据基本的因子分析方程式，可以由因子载荷矩阵重构任意两个变量之间的相关性。例如，变量j和k之间的相关系数可以通过以下过程计算得出：

表TN4.1　因子载荷矩阵			
变量	因子1	因子2	因子3
j	0.42	0.23	0.02
k	0.61	0.27	0.04
l	0.32	0.02	0.42
m	0.41	0.01	0.36

$$r_{jk} = a_{j1}\,a_{k1} + a_{j2}\,a_{k2} + a_{j3}\,a_{k3}$$

$$= (0.42)(0.61) + (0.23)(0.27) + (0.02)(0.04)$$

$$= 0.32$$

3. 利用高分学校和低分学校的研究

一些研究没有使用连续性的衡量标准来描述领导能力和学习成绩这两个变量，而是采用了一种设计来区分高分学校和低分学校，然后测量低分学校和高分学校的校长的领导能力。为了将这些设计中的数据转化为积矩相关系数的估值，我们采用了一些方法。所有情况中，第一步是将数据转换成一个如表TN4.2所示的2×2列联表。

表TN4.2　列联表			
		成绩	
		高	低	
领导能力	高	A	B	(a + b)
	低	C	D	(c + d)
		(a + c)	(b + d)	

以下是构建列联表的过程：

（1）确定成绩变量上高分组和低分组的学校数量。

（2）计算高分组和低分组在领导能力变量上的均数差，以及每组的标准差（sd）。

（3）计算出领导能力变量的总平均值，并将其视为区分领导能力变量高和低的"分数线"。

（4）分别计算高分组和低分组在领导能力变量上高于和低于分数线的校长人数比例。

（5）将得出的比例转化为频率。

为了说明这一过程，请看下例。一项研究使用某种标准选出20所高分学校和20所低分学校。例如，高分学校是指在一项成绩测试中，学生的成绩高于平均分的学校，低分学校是指低于平均分的学校。由高分学校和低分学校的教师对校长的总体领导行为进行评分。高分学校20位校长在总体领导力上的平均分为65，而低分学校20位校长的平均分为55。所有校长的总平均分为60。本例中，让我们假设这两个分布的合并方差为100，标准差为10。

总的来说，领导能力变量的总平均分为60；高分组校长的平均分为65；低分组校长的平均分为55。以总平均分60分作为分数线，已知标准差为10，我们可以计算出学生成绩高且领导能力也高的校长比例，以及学生成绩高但领导能力低的校长比例。同样的逻辑也可以用于计算成绩变量上的低分组校长在领导力变量上所得分数的分布情况。

以低分组校长为例，假设领导能力变量上的分数线或总平均分为60，该分数比低分组的平均分55分高0.50个标准差。可以看到，单位正态分布表中0.3085位于0.5的Z分数上方，0.6915位于0.5的Z分数下方。我们将这些比例应用于低分组的20位校长，发现6.17位（0.3085×20）校长在领导能力变量上属于高能力组，13.83位（0.6915×20）校长属于领导能力变量上的低能力组。将同样的逻辑应用于高分组校长（四舍五入），可以在2×2的列联表中计算出频率结果，如表TN4.3所示。

表TN4.3　预估频率的列联表

		成绩		
		高	低	
领导能力	高	14(a)	6(b)	(a + b) 20
	低	6(c)	14(d)	(c + d) 20
		(a + c) 20	(b + d) 20	

在适当的情况下，需对观察到的标准化领导力变量均值之间的差异进行调整或"修正"。当成绩变量上的高分组和低分组显示极值时，就需要这样做。具体来说，假设已使用总平均分将成绩变量划分为两个组别，就可以用上述方法计算出学生成绩高且领导能力高的校长比例，以及学生成绩高但领导能力低的校长比例。也可以对成绩变量上的低分组中的校长比例做同样的处理。

然而，在一些研究中，高分学校和低分学校并没有分别被定义为成绩分布的上半部分和下半部分。高分组可能被定义为学生成绩比总平均分高一个标准差的学校，而低分组则是指学生成绩比平均分低一个标准差的学校。在这种情况下，两组在领导能力变量上的差异，很可能比根据总成绩分布进行分组的方式得到的结果要大得多。使用上述过程来构建列联表，会导致学生成绩高且领导能力高的校长比例被高估，而学生成绩高但领导能力低的校长比例被低估。同样的逻辑也适用于学生成绩变量上的低分组校长。这会导致对领导能力和成绩之间关系强度的过高估计[①]。

要修正这种情况，首先须计算高分组和低分组之间在领导能力变量上的表现差异，并假设这两个组是以成绩变量的总平均分为界来划分的。这是通过在领导力变量上缩放组间观察到的差异来实现的。

举例说明，假设表TN4.3中的频率是从代表极值的学校分组中得出的。具体来说，假设高分组代表平均成绩比总平均分至少高一个标准差的学校，而低分组代表平均成绩比总平均分至少低一个标准差的学校。同时，假设高分组的平均成绩比总平均分高1.25个标准差，低分组的平均成绩比总平均分低1.25个标准差（请记住，平均分加减1个标准差代表高分组和低分组的末端值，而非平均值）。接下来，以总平均分为界将学校分为高分组和低分组，以Z分数的形式估算两组学校的平均成绩。高于平均分的这组学校的平均Z分数估值将位于该组成绩分布的中心位置。单位正态分布表显示，中心点大约是Z=+0.675的位置。同样，对于低于平均分的学校，中心点大约是Z=−0.675的位置。因此，在假设高分组和低分组是按照总平均分（而非按照比总平均分高或低一个标准差）划分的情况下，用于估计领导能力变量上的平均值之间差异的比例系数（或校正系数）将是1.35/2.50=0.54。

这个比例系数是一个简单的比值，分子是根据成绩变量的总平均分划分的高分组和低分组在领导能力变量上的标准化均数差理论值，分母是根据比总平均分高或低一个标准差的方式划分的高分组和低分组在领导能力变量上的标准化均数差观察值。换言之，根据总平均成绩划分的高分组和

---

① 参见始于第162页的关于phi（φ）相关系数的讨论。

低分组的理论平均分之间相差1.35个标准差（低分组的理论平均分与总平均分相差–0.675，而高分组的理论平均分与总平均分相差+0.675，标准化差异为1.35）。然而，高分组和低分组的观察平均分之间却相差2.50个标准差（低分组的平均分与总平均分相差–1.25个标准差，而高分组的平均分与总平均分相差+1.25个标准差）。

实际上，根据修正系数0.54乘以高分组和低分组在领导能力变量上的平均分与总平均分之间的观察标准化差异，可以估算出根据总平均成绩分组时的标准化差异。使用表TN4.3所示的列联表数值，前文提到低分组在领导能力变量上的平均分和总平均分之间的标准化差异是0.50。用0.54的比例可以得出0.27（$0.50 \times 0.54 = 0.27$）。现在我们可以重新计算列联表中的频率估值。我们查询单位正态分布表发现，0.3894的分布位于0.27的Z分数上方，0.6064的分布位于0.27的Z分数下方（而在原来的计算中，分别为0.3085%和0.6915%）。使用这些修正后的比例，可以计算出一个修正列联表（见表TN4.4）。

表TN4.4　修正列联表			
		成绩	
		高	低
领导能力	高	12 (a)	8 (b)	(a + b) 20
	低	8 (c)	12 (d)	(c + d) 20
		(a + c) 20	(b + d) 20	

已知计算列联表单元频率（修正或未修正的）的方法，我们可以计算

一些不同类型的相关系数，所有这些都是对积矩相关系数的估计。在我们的元分析中计算了4种类型的相关系数。

Phi系数。当两个变量都是二分变量时，就会使用phi。计算phi的公式为：

$$phi = \frac{ad - bc}{((a+c)\ (b+d)\ (a+b)\ (c+d))\ ^\wedge 0.5}$$

其中^0.5代表平方根，a、b、c、d代表列联表中的单元格。利用这个公式和表TN4.3所示的列联表数据，可以得出以下结果：

$$phi = \frac{(14 \times 14) - (6 \times 6)}{(20 \times 20 \times 20 \times 20)^\wedge 0.5} = 0.40$$

从phi的计算公式中可以看出，如果所有高分组的校长同时也是领导能力高的校长，且所有低分组的校长同时也是能力低的校长，phi值为+1.00。如果根据表TN4.5所示的修正列联表中的数值来计算phi系数，我们将得到以下结果：

$$phi = \frac{(12 \times 12) - (8 \times 8)}{(20 \times 20 \times 20 \times 20)^\wedge 0.5} = 0.27$$

如前所述，在高分组和低分组代表极值时，修正系数是至关重要的。否则，phi将会高估领导能力和成绩之间的相关性。

点双列相关系数。当一个变量是自然二分变量，而另一个是连续变量时，就会使用点双列相关系数。此例中，二分变量是领导能力变量中表现好的和表现差的校长。而连续变量则是学生成绩。点双列相关系数的公式如下：

$$点双列相关系数 = \left(\frac{M_p - M_q}{sd}\right)(pq\ ^\wedge 0.5)$$

其中：

M_p = 高领导能力组中的平均学生成绩；

M_q = 低领导能力组中的平均学生成绩；

sd = 学生成绩的标准差；

p = 高领导能力组中的校长所占比例；

q = 低领导能力组中的校长所占比例。

例如，假设高分组和低分组分别取自总体成绩分布的上半部分和下半部分（成绩分布以总平均分为界一分为二）。另外，假设高分组的平均成绩高于均值0.675个标准差，低分组的平均成绩低于均值0.675个标准差。同时假设已计算或估算得出如表TN4.5所示的列联表。

表TN4.5　用于点双列计算的列联表			
		成绩	
		高	低
领导能力	高	14 (a)	6 (b)	(a + b) 20
	低	6 (c)	14 (d)	(c + d) 20
		(a + c) 20	(b + d) 20

从表TN4.5中，我们看到p=0.5和q=0.5。事实上，考虑到高领导能力组和低领导能力组所占的比例在列联表中的计算方式，当高领导能力组和低领导能力组中的校长人数相等且两组的标准差相等时，p将始终为0.5，q将为0.5。也就是说，假设高领导能力组和低领导能力组的校长人数相等且在

领导能力变量上的标准差相等，就领导能力变量而言，一半校长将被归为高水平组，另一半校长将被归为低水平组。Mp和Mq也可以通过列联表计算得出。在表TN4.5中，学生成绩高且领导能力高的校长有14名，学生成绩低但领导能力高的校长有6名。换言之，在具有高领导能力的20名校长中，14人的成绩Z分数为+0.675，6人的成绩Z分数为 –0.675，平均Z分数为0.27 {［14（+0.675）+ 6（–0.675）］/ 20=0.27 }。因此，Z分数形式中Mp=+0.27。同样地，Mq= –0.27。因此，（Mp – Mq）/ sd=0.54，因为当以Z分数形式报告分数时，sd等于1.00。因为p=0.5和q=0.5，所以pq的平方根=0.5。因此，样本数据的点双列相关系数为（0.54 × 0.5）=0.27。

双列相关系数。当两个变量均为连续变量，但其中一个被整理为二分变量时，则使用双列相关系数。双列相关系数可以通过下面的公式（参见马格努森，1966，第205页）由点双列相关系数直接计算得出：

$$双列相关系数 = r_{pb}\left(\frac{pq^{0.5}}{h}\right)$$

其中：

r_{pb} = 点双列相关系数；

p和q的定义如前所述；

h = 定义p和q的分布图中单位正态分布的纵坐标（高）对应的点。

使用表TN4.5中的数据，以及该数据背后的假设，即p和q都是0.50。因此，p和q在单位正态分布上的分界点为Z = 0.00。此时的纵坐标为0.3989。因此，（$pq^{0.5}$）/ h = 1.25。最终得出双列相关系数为1.25 × 0.27 = 0.34。

四分相关系数。当两个连续变量均为二分变量时，使用四分相关系数。因涉及无穷级数，计算四分相关系数的过程尤为复杂。然而，通常的做法是采用近似值。其中一个近似值用于计算下面的数值：

$$\frac{ad}{bc}$$

其中：

a、d、b和c代表列联表中的单元格。

然后，通过查表将这一数值转化为四分相关系数。使用表TN4.4所示的列联表中的样本数据，ad/bc=（12×12）/（8×8）=2.25。参考唐尼和西斯提供的表格，由这一数值转化的四分相关系数为0.31。

协调各种相关性。如上述各例所示，计算相关性的方法不同，得出的积矩相关系数估值也不相同。在所有情况下，我们都经过判断，确定了相关研究中表征数据的最佳方法。

4. 使用高分、中分和低分学校进行的研究

一些研究将学校分成3组——高分组、中分组、低分组。存在3个分组时，计算相关系数的方法是计算线性趋势。传统的方差分析（ANOVA）方法中，线性趋势的F比率为：

$$F = \frac{SS线性趋势}{MS误差}$$

其中，SS线性趋势是各平均值之间线性趋势的平方和，MS误差是均方误差。

应当注意的是，线性趋势的平方和等于线性趋势的均方，因为这个平方和只涉及一个自由度。要计算SS线性趋势，必须使用一组适用于各分数组均值的相关系数。当包含3个组时，相关系数分别为–1、0、+1。SS线性趋

势的公式为

$$SS_{线性} = \frac{C^2_{线性}}{\sum \left(\frac{c^2}{n}\right)}$$

其中

$C^2_{线性}$ 是相关系数与各组均值乘积的和的平方；

$\sum (c^2/n)$ 是各相关系数的平方除以每组中的研究对象数量之和。

例如，假设有3个组，每组有10个研究对象，各组均值分别为：55、50、65。$C^2_{线性}$的值为：

$$C^2_{线性} = [55 (-1) + 60 (0) + 65 (+1)]^2$$
$$= (-55+65)^2 = 100$$

$\sum (c^2/n)$ 值为：

$$\sum (c^2/n) = [(-1^2/10) + (0^2/10) + (1^2/10)]$$
$$= (0.1+0+0.1) = 0.2$$

因此，

$$SS_{线性} = \frac{C^2_{线性}}{\sum \left(\frac{c^2}{n}\right)} = \frac{100}{0.2} = 500$$

通过SS线性计算，可以形成一个比率，用以表示线性趋势所占方差的比例。这个比率是：

$$\frac{SS_{线性}}{SS_{合计}}$$

其中SS合计是在传统方差分析意义中定义的所有研究对象的平方和。在可获得原始数据的情况下，SS合计可以使用传统的方差分析公式计算。

SS线性/SS合计比值称为相关比率的平方或eta的平方，表示基于假设均值的总方差之比例——在本例中，是均值的线性趋势。检验均值之间的线性趋势时，相关比率的平方根（或eta）类似于积矩相关系数。为了说明上述例子，假设总平方和（SS合计）的计算结果为2000：

$$eta^2 = \frac{500}{2000} = 0.25$$

因此，

eta=0.50

本例中的eta可以解释为，在自变量的Z分数增加1.00时，因变量的Z分数相应增加的幅度。

当涉及3个组时，计算线性趋势的另一种方法是计算三列相关系数，公式如下：

$$三列相关系数 = \frac{Y_h(M_h) + (Y_c - Y_h)M_c - Y_c(M_1)}{sd\left[(Y_h^2/p_h) + (Y_c - Y_h)^2/p_c) + (Y_c^2/p_1)\right]}$$

其中：

M_h 是高分组学校的平均成绩；

M_c 是中分组学校的平均成绩；

M_1 是低分组学校的平均成绩；

sd 是合并标准差；

p_h 是高分组学校所占的比例；

p_c 是中分组学校所占的比例；

p_1 是低分组学校所占的比例；

Y_h 定义p_h的分布图中单位正态分布的纵坐标（高）对应的点；

Y_c 定义p_c的分布图中单位正态分布的纵坐标（高）对应的点；

Y_1 定义p_1的分布图中单位正态分布的纵坐标（高）对应的点。

例如，假设一项研究将学校分为3组——高分组、低分组和中分组。M_h、M_c和M_l的平均值分别为55、60和65。合并标准差为10。每组有10所学校。因此，P_h、P_c、P_l均为0.33。分布数值较小端上的0.33在单位正态分布图上对应的纵坐标为0.36。因此，Y_h、Y_c、Y_l均为0.3621。已知这些数值，就可以计算出三列相关系数。

$$三列相关系数 = \frac{(0.3621)(65)+(0.3621-0.3621)(60)-(0.3621)(55)}{10[(0.3621^2/0.33)+(0.3621-0.3621)^2/0.33)+(-0.3621^2/0.33)]}$$
$$=0.46$$

技术说明5：应用于学生和学校的双变量效应值（BESD）

表1.1（见第009页）中的双变量效应值（BESD）是基于马扎诺描述的学校有效性和学生成绩之间的相关性。表1.1描述了有效学校与无效学校中单个学生的预期通过率，其中有效学校被确定为有效性分布的上半部分，无效学校被确定为有效性分布的下半部分。分析单位是单个学生。相比之下，表3.1（见第038页）是基于校长领导力和学校学生平均成绩之间的相关性，分析单位是学校。因此，所得数字是指学生平均成绩高于某一分数线的学校的百分比。

技术说明6：本元分析的显著特征

我们的元分析采用了一些与其他类似研究不同的方法。读者应当注意，在本技术说明中，我们交替使用了效应值和相关系数这两个术语。如技术说明7所述，我们使用多组同质的研究报告来计算研究内部和研究之间的平均效应值。利普西和威尔逊解释了使用同质数据集的重要性：

一个重要问题是，尽管不同的效应值被平均成了一个平均值，但是各个效应值是否都能估计出相同的总体效应值？这是一个关于效应值分布同质性的问题。在同质分布中，效应值在平均值上的离散程度不超过仅根据抽样误差（与单个效应值所对应的样本相关的抽样误差）预期的平均值。换句话说，在同质分布中，个体效应值与总体平均值的差异仅在于抽样误差。

换言之，利普西和威尔逊提醒说，如果一组相关系数不同质，则其中很可能包含了测量其他概念的效应值，与集合中的其他效应值所对应的概念不同。如技术说明7所述，元分析中我们在4种情况下使用同质集合来计算平均效应值：（1）在计算单项研究中21项责任的效应值时；（2）在计算各研究之间的21项责任的平均效应值时；（3）在计算单项研究中的总体领导行为的效应值时；（4）在计算研究之间的总体领导行为的平均效应值时。简要回顾一下，在计算研究内部21项责任的效应值时（情况1），我们首先从一个集合中剔除概念上的异常值，然后用Q统计量和图表法剔除统计上的异常值，得出一个同质集合。在计算研究之间21项责任的平均效应值时（情况2），我们用Q统计量和图表法剔除了统计上的异常值，得出一个同质集合。我们分别用相同的方法对情况3和情况4进行了处理。

在考虑如何计算单项研究中总体领导力的平均效应值时，很显然我们在3个方面剔除了异常值：（1）从整体数据集中剔除了概念上的异常值；（2）在计算21项责任的效应值时，剔除了统计上的异常值；（3）在合并一项研究中的效应值以计算总体领导行为的效应值时，剔除了统计异常值。这一过程得出的关于总体领导行为的结论与其他研究不同。为说明这一点，以维茨耶斯、博斯克和克鲁格的研究为例，他们的研究报告指出，总体领导行为和学生成绩之间的总体相关系数为0.02。当然，这远低于我们的平均相关系数0.25。如第3章所述，维茨耶斯的研究在很大程度上受到美国以外的研究的影响。维茨耶斯和他的合作者指出，就美国而言，总体领导行为和学生成绩之间的相关系数为0.11（第409页）。然而，这仍然比我们的平均相关系数0.25小得多。

对比分析我们如何处理维茨耶斯所做的其中一项研究有助于解释这些差异。维茨耶斯的元分析和我们的元分析都采用了克鲁格的研究。它涉及12种领导行为与3、6、8年级学生的阅读和数学成绩之间的相关性。在我们的元分析中，这3个年级被归类为小学（3年级）和初中（6年级和8年级）。小学层面的总体领导行为的总效应值（使用上述计算过程）为0.23；初中层面为0.17。当这些数据被合并为各年级的加权平均数时，效应值为0.19。然而，如果在汇总过程中的任何阶段都不剔除异常值，那么小学层面的效应值为0.19，初中层面为0.013。当这些数据被合并为各年级的加权平均数时，效应值为0.07。因此，我们的计算过程估算出的效应值要高出0.12个单位。假设克鲁格的研究体现了我们的元分析与维茨耶斯及其同事的分析之间的差异模式，那么就可以理解为什么他们得出的美国学校总体领导行为的平均效应值为0.11，而我们所得的平均效应值为0.25。

我们的元分析与其他类似分析的另一个区别在于，我们对相关系数的衰减进行了修正。技术说明8对此进行了描述。

技术说明7：计算研究内部和研究之间的平均相关系数

我们计算了总体领导力和21项领导责任在各种情况下的平均相关系数。

计算每项研究中总体领导行为的相关性

在各项研究中，总体领导行为和学生成绩之间的相关性有些有直接记录，有些需要计算才能得出。也就是说，在某些情况下，总体领导行为和学生成绩之间的相关系数在研究中已经明确提供。对于没有提供总体领导行为和学生成绩之间相关系数的研究，我们使用以下方法来加以计算。

1. 用费雪Z变换法对研究中21项责任的相关系数计算结果进行了转换。

2. 计算Z变换相关系数集合的加权平均数，并计算Q统计量来检验该集合的同质性。Q统计量用于检验同质性。如利普西和威尔逊所述，Q统计量的通用公式是：

$$Q = \sum w_i (ES_i - MES)^2$$

其中：

w_i是应用于效应值i的单个权重（在本例中，权重是逆方差）；

ES_i是一个特定的效应值（本例中，是通过费雪Z变换法得出的领导能力与学生成绩之间的相关系数）；

MES指某集合中效应值的平均值。

3. 如果发现Q统计量是显著的，表明集合具有异质性，我们便使用赫奇斯和奥利金所述的图形程序来识别异常值。具体来说，我们使用软件程序"Comprehensive Meta-analysis"生成效应值示意图以及效应值相关的95%置信区间。删除明显的异常值，直到Q统计量"不显著"。然后重新计算同质集合的平均加权相关系数。

4. 将Z变换相关系数转换为它们的原始数值。

计算不同研究之间总体领导行为的平均相关系数

利用上述每项研究中描述的或所计算出的总体领导行为的相关系数，我们采用亨特和施密特所述的过程计算了总体领导行为的总效应值。这种方法与上述方法类似，只是没有使用费雪Z变换法对相关系数进行转换，而且应用于相关系数的权重也不同。上例中，逆方差被用来作为权重。在计算各研究间的平均相关系数时，采用的权重如下：

$w_i = (N_i - 1)A_i^2$

其中：

N_i 是用于计算相关系数i的学校数量；

A_i 是相关系数i的伪差乘数的平方。

伪差乘数是单个伪差乘数的乘积。在本例中，有两个伪差乘数，分别代表自变量和因变量的衰减修正。（相关讨论见技术说明8，以及亨特和施密特，1990a。）

计算各研究内部21项责任的相关性

在每项研究中，如果某些领导行为被认为是某项责任的组成部分，则会对这些领导行为的相关系数进行合计，以计算这项责任的效应值，计算过程如下：

1. 从责任的效应值集合（这些效应值被认为是该项责任的组成部分）中剔除概念上的异常值。概念上的异常值是指研究者因某种原因认定的离群数据点或数据集。为说明这一点，让我们看一下克鲁格的研究。该研究描述了11种具体的校长领导行为与3年级和6年级学生的数学、书面语言和阅读成绩之间的关系。在6年级的33个相关系数中，有25个为负值。这组负相关系数的平均值是–0.25，最极端的分数是–0.67。研究人员提到，这些结果被认为是两所学校抽样异常的产物，因为这两所学校有大量具有某些社会经济特征的学生。

2. 用费雪Z变换法对其余所有的相关系数进行转换。

3. 计算Z变换相关系数集合的平均值，并计算Q统计量，使用赫奇斯和奥利金提出的程序来检验该集合的同质性。

4. 发现Q统计量显著时，表明一个集合内存在异质性，我们会使用赫奇斯和奥利金所述的图形程序来识别异常值。

5. 将Z变换相关系数换算成原始数值。

计算各研究之间21项责任的平均相关系数

对于21项责任中的每一项，我们都使用亨特和施密特描述的方法计算了研究之间的平均效应值。这种方法与上述方法类似，只是我们没有使用费雪Z变换法来转换相关系数，为相关系数分配的权重也不同。上例中，逆方差被用来作为权重。我们计算各研究间的平均相关系数时采用的权重如下：

$w_i = (N_i-1)A_i^2$

其中：

N_i 是用于计算相关系数 i 的学校数量；

A_i 是上述相关系数 i 的伪差乘数的平方。

最后，概念性异常值不是问题，因为我们在计算各项研究内部的责任相关性时已经予以剔除。

技术说明8：衰减修正

我们的元分析有别于其他分析的一点在于，我们对自变量（总体的和具体的领导行为）和因变量（学生成绩）的不可信度所导致的衰减进行了修正。亨特和施密特详细说明了修正伪差的原因和重要性。他们列出了10个衰减伪象，其中2个分别是与自变量测量有关的随机误差和与因变量测量有关的随机误差。举个例子，假设总体领导行为和学生成绩之间的总体相关系数为0.50。某项研究试图估计这种相关性，但采用的总体领导能力测量方法的可信度为0.81。根据衰减理论，这一观察相关系数需要乘以0.90。也就是说，即使不存在亨特和施密特所列出的其他9个衰减因素，观察相关系数也将是0.45（0.50×0.90）。为了修正观察相关系数中因测量误差造成的衰减，我们将观察相关系数除以可信度的平方根。本例中，观察相关系数0.45将除以0.90（0.45/0.90 = 0.50）。

如果研究采用的因变量（学生成绩）测量方法也存在测量误差，那么观察相关系数与真实的总体相关系数之间的差距将会更大。同样，假设因变量的可信度是0.81。观察相关系数将是这两个衰减因素的函数，即0.90×0.90×0.50 = 0.405。同样，为了修正自变量和因变量的测量误差，我们需要将观察相关系数0.405除以可信度平方根的乘积，即0.81（0.90×0.90）。因此，0.405/0.81 = 0.50。

如上例所示，如果不对衰减进行修正，结果可能相去甚远。法恩解释称：

> 测量误差对样本相关系数的衰减影响可能比许多研究人员所意识到的要严重。在许多情况下，测量的可信度通常在0.60到0.80之间。在这种情况下，即使是置信区间上限本身也可能无法体现两个指数之间的真正相关性。

社会科学的可信度通常很低。奥斯本发现，心理学期刊中给出的平均可信度为0.83。卢和他的同事指出，标准化成绩测试的可信度通常为0.85，而非标准化成绩测试的可信度为0.75。在我们的元分析中，如果某项研究中提供了领导能力和学生成绩测量标准的可信度，我们会使用这一可信度来对这些研究中的相关系数衰减进行修正。若没有提供，我们会使用所观察到的可信度分布中的估值。最后，应当注意的是，鲍提醒不要过度使用修正手段。他指出：

> 对效应值的不可信度进行修正有明显的好处，但也需要相当谨慎——修正本身可以产生大于1.00的调整后效应值相关系数……对效应值进行衰减调整并非常规做法。因此，建议将调整后和未调整的估值都展示出来，以便对不同研究之间的效应值进行比较。

技术说明9：置信区间

表4.1（见第049页）中所示的相关系数是根据一些研究中发现的相关系数计算出来的平均值（相关讨论见技术说明7）。每一个平均值都可以视为对成绩和各种领导责任之间的真实相关性的估计。我们计算了每一个平均相关系数的95%置信区间，以表示平均相关系数准确代表真实相关系数的确定程度。这个区间包含一个相关系数范围，我们有95%的把握认为，真实的相关系数位于这一区间内。例如，假设平均相关系数为0.19，95%的置信区间为0.08至0.29。这表明我们有95%的把握认为，真实相关系数在0.08和0.29之间。如果95%的置信区间不包括0.00这个值，就等于说相关系数在0.05水平上是"显著"的，这是社会科学中普遍接受的显著水平。

技术说明10：调节变量

我们使用赫奇斯和奥利金描述的固定效应、方差分析法，检查了8个调节变量与我们的元分析中计算的效应值（相关系数）之间的关系。所有分析均剔除异常值（如技术说明7所述）。

这些调节变量是：（1）研究质量；（2）学校级别；（3）学科领域；（4）效应值的推断水平；（5）成绩度量；（6）族裔；（7）社区类型；（8）社会经济地位。

1. 研究质量指相关研究所用研究方法的质量。由于所有研究都是描述性的（没有把研究对象分成实验组和对照组），我们不能使用诸如随机分配和协变量等因素来判断研究方法的质量。但是，我们确实使用了以下因素来分析研究的质量。

- 抽样方式
- 自变量测量标准的适合程度
- 因变量测量标准的适合程度
- 调查的回收率
- 数据分析方法的适合程度

我们就以上各项对每项研究进行高（H）、中（M）或低（L）的评级。如果大多数因素被评为高，而没有因素被评为低，则研究的整体质量为"高"。如果大多数因素被评为低，而没有因素被评为高，则研究的整体质量为"低"。如果一项研究不属于高或低的类别，则该研究的整体质量为"中"。表TN10.1和表TN10.2中展示了该调节变量的结果。

如表TN10.2所示，等级之间的零假设检验不显著（P ≤ 0.05才视为显著）。但是，P值接近于显著，表明研究质量与我们研究中的效应值之间可能存在相关性。表TN10.1显示，最大相关系数出现在研究方法质量评级最高的研究中。

表TN10.1　研究质量的点估计				
组别	点估计	95%的置信区间	研究数量	学校数量
高	0.31	0.25至0.37	22	820
低	0.17	0.09至0.25	14	567
中	0.23	0.18至0.28	28	1212

表TN10.2　研究质量的方差分析			
来源	Q值	自由度（df）	P值
类别之间	5.06	2	0.08
类别内部	20.33	61	1.00
高	5.94	21	0.99
低	1.83	13	0.99
中	12.57	27	0.99

2.学校级别指研究中所选学校的级别。在元分析中，我们将学校分为5个等级：小学（ELEM）、高中（HS）、幼儿园至12年级（K12）、幼儿园至8年级（K8）以及初中（MSJH）。表TN10.3和表TN10.4展示了这一调节变量的分析结果。如表TN10.4所示，没有任何对比是显著的（P≤0.05才视为显著）。

3. 学科领域指研究中作为因变量测量标准的学科领域。我们将学科领域分为7类：通识（G）、语言艺术（LA）、数学（M）、数学和语言艺术（MLA）、数学和阅读（MR）、阅读（R）和科学（S）。表TN10.5和表TN10.6展示了这一调节变量的分析结果。如表TN10.6所示，没有任何对比是显著的（P≤0.05才视为显著）。

表TN10.3 学校级别的点估计

组别	点估计	95%的置信区间	研究数量	学校数量
小学	0.29	0.24至0.34	36	1175
高中	0.26	0.16至0.36	9	325
幼儿园至12年级	0.16	0.07至0.24	6	499
幼儿园至8年级	0.15	0.03至0.26	7	277
初中	0.24	0.13至0.34	6	323

表TN10.4 学校级别的方差分析

来源	Q值	自由度（df）	P值
类别之间	5.31	4	0.26
类别内部	20.08	59	1.00
小学	11.68	35	0.99
高中	0.87	8	0.99
幼儿园至12年级	2.06	5	0.84
幼儿园至8年级	2.09	6	0.91
初中	3.37	5	0.64

4. 推断水平指效应值必须被估算的程度。我们根据这一调节变量将所有研究分为3类：如果一项研究给出了相关系数，我们只需将其记录下来，该研究被归类为低推断（L）；如果相关系数是从因子分析或路径分析研究中计算得出的，该研究被归类为中等推断（M），详见技术说明4；当计算phi、点双列相关系数、双列相关系数、四分相关系数或eta系数时，该研究被归类为高推断（H），详见技术说明4。表TN10.7和表TN10.8中报告了该

调节变量的分析结果。如表TN10.8所示，没有任何对比是显著的（P≤0.05才视为显著）。

表TN10.5 学科领域的点估计				
组别	点估计	95%的置信区间	研究数量	学校数量
通识	0.21	0.15至0.27	23	1125
语言艺术	0.31	− 0.08至0.61	1	27
数学	0.34	− 0.12至0.68	1	20
数学和语言艺术	0.28	0.05至0.48	5	70
数学和阅读	0.25	0.19至0.31	18	833
阅读	0.25	0.17至0.33	15	512
科学	0.26	− 0.37至0.73	1	12

表TN10.6 学科领域的方差分析			
来源	Q值	自由度（df）	P值
类别之间	0.89	6	0.99
班级内部	24.49	57	1.00
通识	10.12	22	0.98
语言艺术	0.00	0	1.00
数学	0.00	0	1.00
数学和语言艺术	0.07	4	0.99
数学和阅读	8.44	17	0.96
阅读	5.87	14	0.97
科学	0.00	0	1.00

表TN10.7　推断水平的点估计

组别	点估计	95%的置信区间	研究数量	学校数量
高	0.23	0.17至0.29	21	951
低	0.23	0.18至0.28	34	1369
中	0.34	0.23至0.44	9	279

表TN10.8　推断水平的方差分析

来源	Q值	自由度（df）	P值
类别之间	2.52	2	0.28
类别内部	22.83	61	1.00
高	6.28	20	0.99
低	13.17	33	0.99
中	3.37	8	0.91

5. 成绩度量指研究中学校成绩分数的计算方式。我们根据这一调节变量将所有研究分为5类：采用百分位数、正态曲线当量（NCE）等的相关研究被归类为百分位（PTILES）；采用将标准化考试或州考试的分数与其他指标相结合的指数的相关研究被归类为综合指数（COMPOSITE）；采用从一次考试到另一次考试的增益分数的研究被归类为增益分数（GAIN）；采用达到或超过某一特定分数的学生比例的研究被归类为通过率（PASSING）；采用回归方程偏差分数的研究被归类为残差（RESID）。表TN10.9和表TN10.10报告了这一调节变量的分析结果。如表TN10.10所示，没有任何对比是显著的（$P \leqslant 0.05$才视为显著）。

表TN10.9　成绩度量的点估计				
组别	点估计	95%的置信区间	研究数量	学校数量
百分位	0.25	0.20至0.29	44	1656
综合指数	0.24	0.10至0.37	3	184
增益分数	0.16	0.02至0.29	6	199
通过率	0.22	0.12至0.31	4	370
残差	0.16	0.02至0.30	7	190

表TN10.10　成绩度量的方差分析			
来源	Q值	自由度（df）	P值
类别之间	1.86	4	0.76
类别内部	23.53	59	1.00
百分位	16.78	43	0.99
综合指数	0.54	2	0.76
增益分数	2.66	5	0.75
通过率	1.66	3	0.64
残差	1.89	6	0.93

6. 族裔指研究中各学校的族裔构成。表TN10.11和表TN10.12展示了这个调节变量的结果。如表所示，我们只找到了两类种族的数据——非裔美国人和西班牙裔美国人。如果无法确定种族，则为其他。我们发现只有一项研究提供了这些类别的数据。尽管表TN10.12表明这一调节变量的对比并不显著（P≤0.05才视为显著），但因缺乏数据未做推论。

表TN10.11　族裔的点估计				
组别	点估计	95%的置信区间	研究数量	学校数量
其他	0.24	0.20至0.28	62	2583
非裔美国人	0.36	−0.46至0.85	1	8
西班牙裔美国人	0.22	−0.57至0.80	1	8

表TN10.12　族裔的方差分析			
来源	Q值	自由度（df）	P值
类别之间	0.05	2	0.97
类别内部	25.34	61	1.00
其他	25.34	61	1.00
非裔美国人	0.00	0	1.00
西班牙裔美国人	0.00	0	1.00

7. 社区类型指学校所在社区的规模。我们根据这一调节变量将所有研究分为4类：城市地区的学校被归类为城区（URB）；郊区的学校被归类为郊区（SUBURB）；农村地区的学校被归类为农村（RURAL）；而无法确定社区类型的学校被归类为其他（OTHER）。表TN10.13和表TN10.14报告了这一调节变量的结果。如表所示，没有发现农村地区的数据。此外，我们发现只有2项关于郊区的研究和6项关于城区的研究。尽管表TN10.14显示这一调节变量的对比并不显著（$P \leqslant 0.05$才视为显著），但因缺乏数据未做推论。

8. 社会经济地位（SES）指研究中学校的经济和社会地位。我们根据这一调节变量将所有研究分为4类：将学校描述为高社会经济地位的研究被归类为高（H）；将学校描述为中等社会经济地位的研究被归类为中（M）；将学校描述为低社会经济地位的研究被归类为低（L）；那些没有确定学校社会经济地位的研究被归类为其他。表TN10.15和表TN10.16报告了这一调节变量的发现。如表所示，没有发现高（H）或中（M）的数据。此外，我们只发现了3个关于低（L）社会经济地位的学校的研究。尽管表TN10.16表明，这个调节变量的对比不显著（P≤0.05才视为显著），但因缺乏数据未做推论。

表TN10.13　社区类型的点估计				
组别	点估计	95%的置信区间	研究数量	学校数量
其他	0.25	0.21至0.29	56	2174
郊区	0.23	−0.01至0.44	2	72
城区	0.22	0.12至0.32	6	353

表TN10.14　社区类型的方差分析			
来源	Q值	自由度（df）	P值
类别之间	0.15	2	0.93
类别内部	25.24	61	1.00
其他	23.76	55	0.99
郊区	0.06	1	0.81
城区	1.42	5	0.92

表TN10.15　社会经济地位的点估计

组别	点估计	95%的置信区间	研究数量	学校数量
其他	0.24	0.20至0.28	61	2517
低	0.27	0.05至0.46	3	82

表TN10.16　社会经济地位的方差分析

来源	Q值	自由度（df）	P值
类别之间	0.06	1	0.81
类别内部	25.33	62	1.00
其他	23.75	60	1.00
低	1.59	2	0.45

技术说明11：因子分析

为了确定这21项责任是如何相互关联的，我们为执行校长编制了一份含92个问题的调查问卷。其中，每项责任对应多个问题。每个问题均采用四点计分法。例如，下面的问题旨在测量与沟通责任相关的某个行为。

在我的学校，教师能够轻易找到我：

4　非常符合我或我的学校

3

2

1　不符合我或我的学校

除了涉及21项责任的问题，问卷还包括一些其他问题，旨在确定学校在多大程度上参与了一级变革或二级变革。表TN11.1展示了问卷中的92个问题。

我们将问卷发布在由科罗拉多州奥罗拉市的美国中部地区教育实验室（McREL）管理的网页上，时间为2003年9月到2004年2月。全国各地的校长通过各种非正式途径应邀完成在线问卷。

表TN11.1　因子分析使用的问卷

1.我试图在我校进行变革，但实施过程中将对现状构成重大挑战。
2.我校教师经常分享想法。
3.我校教师的教学时间得到了充分保障。
4.我校就如何提出问题和担忧建立了完善的程序。
5.我成功做到了保护教师的教学免受不必要的干扰和阻碍。
6.我校成功地确保了教师拥有必要的资源和专业机会，以保持高标准的教学。
7.我亲自帮助教师设计班级课程活动。
8.我校为每个学生制定了具体的学习目标。
9.我对有效的教学方法非常了解。
10.我定期并经常到访教室。
11.我校表现突出的个人得到了认可和奖励。
12.我校教师能够轻易地找到我。
13.我确保我校遵守所有区级和州级的规定。
14.我校教师能直接参与所有重大决定。
15.我校教师的个人成就得到了认可和表彰。
16.我了解教师们的个人需求。
17.我有意地尝试挑战现状，以激发同事们思考。
18.我试着激励我校教师去完成一些似乎超出他们能力范围的工作。
19.我校教师均了解我对学校、教学和学习的信念。
20.我不断地监测我校课程的有效性。
21.我能够自如地对工作方式做出重大调整。
22.我了解在教职工中形成的非正式团体，以及教师之间的关系。
23.我随时了解当下关于有效教育的研究和理论。
24.我们会系统地思考新的、更好的办事方法。
25.我亲自帮助教师解决课堂上的教学问题。
26.我在学校里成功地培养了合作意识。
27.我就高效办学成功地在教师中建立了强烈的秩序感。
28.我校的最优先事项之一是保持教职工的精力水平，保持我们已经取得的成就。
29.学校的变革尝试需要参与者掌握新概念和新技能。
30.我们已经取得了良好进展，但需要再打一剂"强心针"，继续推进改革工作。
31.我校制定了具体的课程目标。
32.我非常了解课程教学问题。

33.我经常与我校学生接触。

34.在我校，资历不是获得奖励和晋升的主要标准。

35.我校已经建立了教师之间相互沟通的有效途径。

36.在整个社区，我是我校的有力代言人。

37.我校教师直接参与政策制定。

38.学生和学校的成就通常都能得到认可和表彰。

39.我与我校教师有着良好的个人关系。

40.虽然不确定变革会把我们引向何方，但我很乐意尝试。

41.我总是积极地看待我们完成重要工作的能力。

42.我不断地监测我校所采用的教学方法的有效性。

43.我鼓励教职工提出与我相反的意见。

44.我知道我校的潜在问题，虽然这些问题尚未正式显现，但可能会造成意见分歧。

45.我不断地让教师接触前沿思想，思考如何提质增效。

46.我校要想取得重大进步，必须结束或改变一些根深蒂固的做法。

47.我可以根据情况判断是否需要提供具体指导。

48.我校教职工具有强烈的团队精神。

49.我们有全体教职工都理解并遵守的完善办学惯例。

50.我亲自帮助教师解决课堂上的评估问题。

51.我校教师经常参与能够直接提高教学水平的职业发展活动。

52.我所尝试的变革将挑战学校现有的规范。

53.我校对具体的教学实践有具体的目标。

54.我非常了解有效的课堂评估方法。

55.我校师生经常能看见我。

56.我校管理者和教师使用一套共同的语言。

57.教师和我之间的沟通渠道十分畅通。

58.在学生家长面前，我是学校的有力代言人。

59.学校的各项决策是以团队方式做出的。

60.我校通常会系统地认识失败、庆祝成就。

61.我随时了解教师个人生活中的大事。

62.除非做出重大改变，否则我校学生的成绩不会有大的提高。

63.我努力推进重大举措的实施。

64.我对学校、教学和学习有明确的信念。

65.我不断地监测我校所使用的评估方法的有效性。

66.我会根据具体情况、具体需求调整领导风格。

67.我们对我校的目标有共同的理解。

68.我们系统地讨论当前的研究和理论。

69.我校需要做的最重要的变革也是员工最抵触的变革。

70.我校教师不会被牵扯到会减弱其对教学重视程度的校外问题中去。

71.只涉及某位或某几位教职工的争议或分歧不会升级为全校性问题。

72.我校已为评估工作设定了具体的目标。

73.我会在有效课堂实践方面为我校教师提供概念性指导。
74.在我校，晋升和奖励不会单纯因为"投入时间"就自动获得。
75.我确保上级主管部门了解我校所取得的成就。
76.我确保我校教师生活中的大事得到关注。
77.我们不断地问自己："我们从事的工作是在我们能力范围的边缘还是中心？"
78.我相信，我们只要愿意努力工作、相信自己，便可以完成几乎任何事情。
79.我已经明确地将我的坚定信念和理想传达给各位教师。
80.任何时候我都能准确判断我校在提高学生学习成绩方面的有效程度。
81.我校目前的各项工作进展很顺利。
82.我可以准确地预测我校每天可能出现的问题。
83.我们系统地阅读关于有效实践的文章和图书。
84.所有教师都能理解全校目标。
85.我知道我校的哪些工作进展顺利，哪些工作进展不顺。
86.我校的目标是我们日常生活的重要组成部分。
87.我的行为与我对学校、教师和学习的理想和信念一致。
88.如果一段时间内我校不采取任何新的重大举措，将会是有益的。
89.我校教师要求的材料和资源都能及时采购和交付。
90.我们会认可并奖励努力工作并取得成果的人。
91.我知道学校日常运作方面的细节。
92.我们对学校的未来抱有共同的愿景。

在完成问卷后，受访者会立即收到一份根据他们的答案生成的分析报告。报告中阐述了21项责任以及他们对一级变革和二级变革的感知参与。

共有652名校长完成了问卷调查。问卷答案的可信度为0.92（克伦巴赫的阿尔法系数）。

我们对这652份回答进行了主成分因子分析。分析发现了两个相当明确的因子，它们的特征值分别排在第一和第二位。这两个因子在问卷答案方差中所占的百分比之和为50%。表TN11.2显示了92个问题在这两个因子上的因子载荷。

该表展示了绝对值超过0.10的正负因子载荷（问题83的因子载荷低至0.031）。这与常规惯例不同，后者只报告绝对值达到0.30的因子载荷。布

莱恩特和亚诺德对这一惯例的解释如下：

> 通常情况下，研究人员认为，因子载荷系数绝对值大于或等于0.30的变量是"在特征向量上的载荷"，因此在解释特征向量的含义时具有考量价值。因子载荷系数为负值的变量与特征向量呈负相关关系；如果某些特征向量既有因子载荷为正数的变量，又有因子载荷为负数的变量，则称之为两极特征向量。请注意，0.30的因子载荷系数表示变量和特征向量共享9%[$(0.30)^2 \times 100\%$]的方差。

然而，史蒂文斯指出，这种做法忽略了样本中的观察结果数量——本例中指完成问卷的校长人数。史蒂文斯解释说，具体而言，由于因子载荷和特征向量（因子）之间的统计学意义取决于样本量，因此，在确定某变量是否可以归类为一个因子的成分时，应当根据达到可接受的误差率所需的因子载荷（相关性）数值做出判断。

在这个因子分析中，如果因子载荷的绝对值为0.15或大于0.15，我们会认为两者之间存在相关性。（表TN11.2显示绝对值低于0.15的因子载荷。在这些情况下，与某项责任相关的问题所形成的模式表明该责任只有很小的可能与一个或两个因子相关。）鉴于共有652名校长参加了问卷调查，零假设下，0.15相关性的单尾概率如下：

$$\frac{r_z}{r_z\text{的标准误差}} = \frac{0.15}{0.039} = 3.846\text{的}\ Z\text{分数} < \begin{matrix} 0.0005 \\ （近似值） \end{matrix}$$

	问题编号	因子I	因子II		问题编号	因子I	因子II
一级变革	28	0.495		了解课程、教学和评估	9	0.574	0.284
	*30	0.090	0.269		32	0.585	0.306
	81	0.479			54	0.571	0.262
	88	0.228			73	0.597	0.237
二级变革	1	0.183	0.555	可见	10	0.442	
	62	−0.218	0.569		33	0.372	
	46	−0.242	0.598		55	0.414	−0.126
	69	−0.255	0.550	秩序	4	0.537	−0.236
	52	0.187	0.641		27	0.587	−0.201
	29	0.343	0.422		49	0.549	−0.254
文化	26	0.597	−0.407	纪律	5	0.405	−0.130
	2	0.535	−0.172		3	0.428	−0.172
	48	0.582	−0.431		70	0.200	0.170
	56	0.597	−0.241		71	0.416	
	67	0.681	−0.220	资源	6	0.432	−0.133
	92	0.651	−0.254		89	0.385	
参与课程、教学和评估	7	0.496	0.144		51	0.552	
	25	0.620		权变奖励	11	0.450	
	50	0.596	0.134		34	0.413	
专注	8	0.511			90	0.493	
	31	0.570			74	0.403	
	53	0.509		外联	13	0.368	
	72	0.573			36	0.440	
	84	0.604	−0.206		58	0.532	
	86	0.639	−0.124		75	0.324	
				集思广益	14	0.497	−0.159
					37	0.431	−0.201
					59	0.561	−0.202

表TN11.2　前两个因子的因子载荷

	问题编号	因子I	因子II		问题编号	因子I	因子II
肯定	15	0.516		监督/评估	20	0.633	0.237
	38	0.513			42	0.642	0.201
	60	0.619			65	0.624	0.240
关系	16	0.529			80	0.616	0.072
	39	0.419	-0.144	灵活	21	0.485	0.267
	61	0.481			43	0.444	0.130
	76	0.520			66	0.434	0.104
推动变革	17	0.471	0.424		47	0.463	0.202
	40	0.178	0.237	态势感知	22	0.415	
	24	0.658	0.100		44	0.477	0.260
	77	0.519	0.150		91	0.443	
优化	18	0.600	0.360		82	0.302	
	41	0.572	0.061		85	0.556	
	63	0.332	0.368	智力激励	23	0.511	0.341
	78	0.367	0.251		45	0.589	0.315
理想/信念	19	0.601	0.201		68	0.592	0.222
	64	0.553	0.232		83	0.502	0.031
	79	0.629	0.119	沟通	12	0.369	-0.113
	87	0.596	0.016		35	0.569	-0.283
					57	0.552	-0.342

*考虑到该问题展示的载荷模式以及问题内容，最好将其视为二级变革的问题。

其中：

r_z表示费雪Z变换相关系数；

r_z的标准误差表示Z变换相关系数的标准误差或

$$\frac{1}{(N-3)^{0.5}}$$

本例中，N为652。

换句话说，考虑到样本量为652，0.15的相关系数在P<0.0005时才具有显著性。但是，问卷上有92个问题。根据维纳、布朗和米歇尔斯的说法，在个别误差率为0.0005的情况下，所有92个问题的联合显著性水平或α（联合）信度系数如下：

$$\alpha (联合)=1-(1-\alpha (单独))^m$$

其中m是集合中变量的数量，本例中为92。

因此，α（联合）= $1-(1-0.0005)^{92}$ = 0.045。也就是说，如果将绝对值为0.15或大于0.15的因子载荷视为一个因子的可行成分，则所产生的联合显著性水平为P<0.05，这是社会科学中通常接受的标准。

技术说明12：各项责任排名顺序的计算方法

我们计算了表TN11.2（见第189—190页）中两个主要因子的每项责任的排名顺序。这是通过计算与每项责任相关的问题的因子载荷平均值来完成的。鉴于因子载荷类似于问题和因子之间的相关系数，我们首先用费雪Z变换法对载荷进行转换，计算出平均值，再转换回原始度量。

技术说明13：标准化平均差

衡量自变量（如校长领导能力）对因变量（如学生成绩）影响的最常用指标之一是标准化平均差效应值，即ES。实际上，效应值这一通用术语适用于各种指数，包括r、R和PV。但在本书中，ES指标准化平均差效应值。格拉斯首先推广了这个指数，它是实验组和对照组平均值之间的差除以总体标准差的估值，因此称为标准化平均差。

$$
\text{标准化平均差效应值} = \frac{\text{实验组平均值} - \text{对照组平均值}}{\text{总体标准差估值}}
$$

为了说明ES的用途，假设具有某一特征的学校在标准化测试中的平均成绩为90，而不具有这一特征的学校其平均成绩为80。此外，假设总体标准差为10。效应值将如下：

$$
ES = \frac{90-80}{10} = 1.0
$$

这个效应值可以用以下方式来解释：实验组的平均值比对照组的平均值大1.0个标准差。我们据此可以推断，实验组学校所拥有的特征使成绩测试分数提高了一个标准差。因此，效应值（ES）以标准化或"Z分数"的形式表示了平均值之间的差异。正是这一特征催生了另一个在学校有效性研究中常用的指标——百分位增益。

百分位增益指实验组的普通学生与对照组的普通学生相比，在百分位上的预期增益（或损失）。我们用同一个例子加以说明。鉴于效应值（ES）为1.0，我们可以得出结论，实验组的平均分比对照组的平均分高出约34个百分位。得出这一结论是必然的，因为ES将实验组和对照组的平均分差异转化成了Z分数形式。分布理论告诉我们，1.0的Z分数位于标准正态分布的第84.134百分位。然后，为了计算百分位增益，ES被转化为高于或低于单位正态分布第50百分位的百分位数。

技术说明14：教职工发展对综合性学校改革（CSR）计划效应值的影响

博尔曼及其同事以效应值作为因变量，以一些研究特征和计划特征作为自变量进行了回归分析。分析中包含的一个计划特征是计划带来的教职工发展反过来在多大程度上支持这些计划。这个因子的权重（未标准化偏回归权重）为−0.09，是该自变量类别中最大的。鉴于因变量是标准化均数差效应值（见技术说明13），这表明，在模型中的其他自变量不变的情况下，如果教职工发展增加一个标准差，相应的特定CSR模型的效应值将减小0.09。这个自变量的概率是0.088。由于该数值大于传统上接受的显著性水平0.05，博尔曼和他的合作者没有对此详加讨论。然而，鉴于目前的统计理论认为，在判断变量在实际意义上对于解释模型是否显著时，概率水平的绝对划界分数不应作为唯一标准，其重要性也在本书第6章列出，因此这个因子值得考量。具体来说，当采用非定向零假设时，0.088的概率在0.05水平上并不显著，但如果采用定向零假设，它在0.05水平上是显著的。此外，如果博尔曼模型中报告的关系代表了CSR计划的特征与某个CSR计划效应值之间的真实关系，其影响十分重要。第6章已做探讨。

附录：科顿的25种领导实践与学校管理的21项责任

第2章和第4章中谈到，科顿提出了与我们的21项责任相似的25种领导实践。以下是这25种实践和21项责任的对照表。

科顿的25种实践	学校管理的21项责任
1.安全有序的校园环境	• 秩序
2.注重高水平学生学习的愿景和目标	• 专注 • 优化
3.对学生学习提出较高期望	• 专注
4.自信心、责任心、毅力	• 理想/信念 • 优化
5.可见、可及	• 集思广益 • 可见
6.积极和支持性的校园氛围	• 文化
7.沟通和互动	• 沟通 • 关系
8.情感和人际支持	• 关系 • 可见

科顿的25种实践	学校管理的21项责任
9.家长和社区外联及参与	• 外联
10.仪式、典礼和其他象征性活动	• 权变奖励 • 肯定
11.共享领导责任，共同制定决策，为教职工赋权	• 集思广益 • 沟通
12.协作	• 文化
13.教学式领导	• 了解课程、教学和评估 • 参与课程、教学和评估
14.不断追求高水平的学生学习	• 专注 • 优化
15.持续改进	• 专注 • 智力激励
16.讨论教学问题	• 智力激励
17.走进课堂听课并反馈给教师	• 监督/评估 • 参与课程、教学和评估
18.支持教师发挥自主权	• 灵活
19.支持冒险行动	• 推动变革
20.职业发展机会和资源	• 资源
21.保障教学时间	• 纪律
22.关注学生进步情况并分享结果	• 监督/评估 • 专注
23.根据学生的进步情况改进方案	• 监督/评估
24.认可学生和教职工的成绩	• 权变奖励 • 肯定
25.以身作则	• 了解课程、教学和评估 • 参与课程、教学和评估

作者简介

罗伯特·J. 马扎诺，科罗拉多州奥罗拉市美国中部地区教育实验室（McREL）资深学者、威斯康星州密尔沃基市卡迪纳尔–斯特里奇大学副教授、探路者教育公司副总裁、科罗拉多州（百年之州）马扎诺及合伙人咨询公司总裁。他发展了应用于K–12课堂的计划与实践，将关于认知的现有研究和理论转变为具体的教学方法。作为国际知名的培训师和演说家，马扎诺撰写了20多部著作、150多篇论文和图书章节，主题包括阅读与写作教学、思维技能，以及学校的效力、重建、评估、认知和标准实施等。美国督导与课程发展协会（ASCD）推出的其著作（或为合著）有《为提高成绩而积累背景知识》《卓有成效的课堂管理》《什么在学校里起作用：化研究为行动》《有效的课堂教学手册》《有效的课堂教学策略：以研究为基础，旨在提高学生成绩》。此外，由马扎诺领衔的工作组还提出了"学习的维度"这一概念。他另著有《探路者计划：探索人的力量》。马扎诺已荣获纽约爱欧纳学院英文学士学位、西雅图大学阅读/语言文学教育硕士学位，以及华盛顿大学课程与教学博士学位。

蒂默西·沃特兹，自1995年起一直担任McREL首席执行官。在此之前，他在公共教育领域的从业时间长达23年，其中的最后7年担任科罗拉多州格里利市学校系统主管。沃特兹现任美国教育知识产业协会董事会成员，曾任科罗拉多州高等教育委员会委员。他已荣获丹佛大学学士学位、亚利桑那州立大学文学硕士学位和教育学博士学位。

布赖恩·A.麦克纳尔蒂，McREL的现场服务副总裁，负责协调McREL的咨询、培训和技术援助，以及开发用以落实McREL研发成果的新项目和服务业务。加入McREL之前，他是科罗拉多州科默斯市亚当县第14学区教育服务部门副主管，曾任科罗拉多州教育厅教育委员。麦克纳尔蒂在教育领域拥有30多年的工作经验，擅长的领域涵盖领导力发展、学校效力与提升、儿童早期教育和特殊教育。他就上述领域发表演讲多次，相关著作颇丰。他已荣获丹佛大学特殊教育管理与公共管理博士学位。